殘疾無常

一位視障者對生命的感悟

徐啟明 著

目錄

第二部 說話篇

殘疾無常

一位視障者對生命的感悟

前行有路千字文

（聯合國《殘疾人權利公約》一千字的撮要）

宇宙浩瀚，萬物多樣，古今中外，百花齊放。

生老病死，有悲有喜，傷病有時，殘疾無理。

歧視對待，無處不在，改善情況，發揚仁愛。

世界在變，人類在變，範式轉移，有利發展；

醫療霸權，不再獨專，以人為本，有利有權。

針對殘疾，公約[1]落實，聯國[2]通過，創造明日；

中國確認，香港響應，五十條文，創見美景。

適當立法，配合改革，消除歧視，全民有責。

公約宗旨，伸張公義，人人平等，共享福祉。

基本自由，人人應有，固有尊嚴，生而擁有。

殘疾多樣，範圍甚廣，四肢五感，身心智商；

身心障礙，環境窒礙，社會不容，三重障礙。

媒介多種，貴乎溝通，形式多變，利便應用：
口語手語，圖像短語，凹紋點字，數碼手書。
促進個體，包容弱勢，八項原則，世界大勢：
一是尊重，尊嚴互重，自決自立，多元共融。
原則第二，不得歧視，一視同仁，無分彼此。
三是共融，領域無窮，充分參與，樂也融融。
四是心胸，接受不同，各有特質，和而不同。
五是共享，機會均等，合理遷就，發揮才能。
六是通用，環境設施，產品服務，無障易用。
七是婦女，不論男女，公平對待，歧視不許；
殘疾婦女，雙重劣勢，先要自醒，更需自強。
八是兒童，發展不同，培育才華，成長尋夢；
殘疾兒童，適切支援，發聲權利，也應享有。
公眾教育，提高認知，改變態度，引發行動；
遍達全民，社會一心，皆手足也，至善至真。
九條主旨，建無障礙，提供利便，促進共融：
生活資訊，出行交通，環境設施，貨品服務。
十條維護，生存權利，殘疾與否，不容剝奪。
第十一條，世事難料，天災戰禍，一個不少；
危難情況，緊急事故，人道救援，平等對待。
第十二條，法律面前，人皆擁有，法律身份。

權利能力，必須肯定，行為能力，妥善配合。

每個個體，既有意願，又有選擇，知情同意。

第十三條，尋求公正，有權出庭，起訴申辯，

參與審訊，應獲支援，有關人員，獲得訓練。

第十四條，自由無價，安全至上，均應保障。

若被拘禁，合法待遇，取閱資料，公平聆訊。

第十五條，禁止酷刑，不受虐待，不被擺佈。

第十六條，禁止施虐，不容暴力，不被利用。

第十七條，殘疾與否，同是為人，身心獨特。

第十八條，行動自由，何去何從，有權決定。

第十九條，獨立生活，適切支援，融入社區。

第二十條，獨立走動，適當訓練，暢通環境，

輔助器材，生產友善，兼顧需要，價廉物美。

第廿一條，取閱資料，發布資料，表達意見，

無障渠道，簡明圖文，手語點字，發聲大字。

第廿二條，尊重私隱，私人生活，不應干預。

第廿三條，談婚論嫁，建立家庭，生兒育女。

第廿四條，接受教育，發展自我，融入社會。

第廿五條，健康生活，醫療衛生，平等對待。

第廿六條，訓練復康，支援服務，輔助器材。

第廿七條，工作權利，措施促進，出路暢通。

第廿八條，適足生活，衣食住行，提供支援。

第廿九條，參與政治，有權投票，議政參政。

第三十條，文娛康體，音樂藝術，融入生活。

第卅一條，資訊通達，有權取用，尊重私隱。

第卅二條，各締約國，各方力量，攜手合作。

第卅三條，落實公約，專責部門，用者參與。

第卅四條，殘權委會[3]，總部紐約，選舉產生。

第卅五條，國家報告，定期提交，以供審議。

第卅六條，報告效用，詳細審議，提出建議。

第卅七條，殘疾委會，與締約國，緊密合作。

第卅八條，殘疾委會，和各組織，彼此交流。

第卅九條，殘疾委會，撰寫報告，提交聯國。

第四十條，殘疾委會，和締約國，定期開會。

四十一條，資料報告，由秘書長，妥善保存。

四十二條，由〇七起，可到紐約，簽署公約。

四十三條，各國政府，按其情況，決定步伐。

四十四條，國家同盟，可以加入，也可貢獻。

四十五條，有二十國，加入之後，隨即生效。

四十六條，各締約國，信守公約，全部規定。

四十七條，任何國家，有權要求，修改公約。

四十八條，任何國家，有權要求，退出公約。

四十九條，公約版本，包括簡明，可供取閱。

第五十條，公約版本，六種語文，效力相同。

註釋：

（1）聯合國《殘疾人權利公約》。

（2）聯合國。

（3）聯合國殘疾人權利委員會。

自序

　　我曾用「思明」作為我的筆名，因為笛卡兒的「我思故我在」學說深深地影響著我，這使我明白「我思故我明」。我生於大躍進那年的四月四日，農曆是二月十六日，因此，我的思緒有時像由二跳到四、再由四跳到十六幾何級數般躍動。我的視力在我八歲那年離我而去。從那時起，觸覺、聽覺、嗅覺、味覺成為我認知世界的主要途徑，當然直覺、別人的視覺描述和書本裏的影像世界也補充了我的知識來源。

　　在兒童節出生的我，對於將來充滿夢想，夢想將來的我，夢想將來的理想社會。我的夢想受到不同階段的成長經驗影響，漸漸地由模糊變得清晰，由虛幻變得實在，最終獲賦予信念、目標和動力。

　　童年時代的我，很喜愛聽收音機。當時聽電台節

目，就像揭開一本又一本圖書，有童話故事、神話故事、名人傳記、世界名著和中國民間故事。有關內容增加我的知識，擴闊我的視野，並指示我做人的原則和努力的方向。

學生時代的我，沉默寡言，不善辭令，喜愛以詩詞表達心中的理想和感受，因為寥寥數語便可盡訴心中情懷。這些詩詞盛載了我當時的信念。

四十年來，我參與了爭取殘疾人士權利的運動。這個運動需要前仆後繼、互補不足、求同存異的同行者，才能邁向夢寐以求的理想社會，也就是每個人不論殘疾與否都可以各盡所能、各取所需的社會。

近幾年，我寫了一系列文章，內容環繞個人生活體驗，也有記述不同領域內努力不懈的殘疾和非殘疾人士。從他們身上，我明白到，即使在惡劣的環境下，若有追求卓越的視野、裝備和行動，必會闖出新路，邁向目標。

本書是我把以上各個階段及此時此刻的體驗化成文字，希望與大家分享。我能夠抒發所思所想，要感謝在過去不同時空曾與我相遇的人，因為他們的存在，才能組成我的經歷和體驗；我更要感謝上天賜我不同的挑戰和無數的助力。失明帶來生活上許多不便，然而親情、

友情和仁愛卻給我繼續前行的力量。我熱愛閱讀，喜歡思考，希望藉著文字細說閉眼看世界的感受，並以殘疾觀點訴說身邊的眾生相。

第一部 走過的路

像向日葵般追隨光明的歷程

（本文為筆者於二〇一三年白杖日在《明報 · 世紀版》發表，題為〈我看不見，但我尋見光明〉。）

十月有兩天是有關視覺的日子，分別是十月十日的國際視力日（International Sight Day）和十月十四日的白杖日（White Cane Day），前者喚起世人對防盲治盲的關注，後者則發揚失明和視障人士「手執白杖，獨立自強」的精神。這代表著兩條截然不同的路，都是由有心人建造成的，目的都是引領視覺受損人士實現「生活如常，盡展所長」的願境。當然，路還有許多條，既有相同的目標，也有相遇的平台。

我自小近視，小一唸信愛小學，八歲失明後的一年暫時停學，家人帶著我到處尋找眼科醫生，金錢是花

了，眼睛依然看不見！未到九歲生日，我便入讀心光盲人學校，走上了一條由仁愛精神推動的路。心光學校由德國女傳教士谷柏姑娘（Sister Luise Cooper）於一八九七年創立，最初收容被遺棄的失明孤女。谷姑娘對香港失明孤女付諸行動的愛，卻延續至今，以知識的力量和基督的情懷，改寫一代又一代香港盲人的命運，我便是其中一個。以下歌詞反映心光學校對我的影響，由我填詞。那時是一九七九年，我是心光學校學生會幹事。

神創心光愛無限，
蒙恩衝破諸困患，
盲確非悲痛，盲又非不幸，
標杆要面對追盼。
愛、善、自由一一都要爭，
於今需培植鬥心，
齊進軍，走向現實世界中，
追盼生命的意義⋯憂困！

感到憂困是因為那時我正在聖保羅書院求學，面對前所未有的挑戰。部份教科書和課堂筆記要由我在義工

協助下以手動點字打字機逐字抄寫。當時，幾位心光學校的學兄介紹我周末到位於九龍塘火石道香港失明人協進會的學生中心尋求義工「報讀」資料。這個中心除了有一位瑪利諾修會的麥修女（Sister Moira）協助轉譯點字和招募義工外，日常管理及為失明學生尋找升學機會全由協進會的另一名委員及他領導的學生會負責。他們發揮自助互助精神，簡單說，自助互助精神就是一種自己幫自己和一群人互相支持的信念和行動。那裏是我學生時代的遊樂場、加油站及訓練營。在這條路上的那些年，我注入了「天助自助者」的信念。我成為這個學生會的幹事，在與麥修女、協進會委員、其他失明學生及義工的互動與交流中成長，找到目標和方向，套用美國全國盲人協會（National Federation of the Blind）已故會長 Kenneth Jernigan 的名言，就是「我們知道我們是誰，也清楚該往何處去。」（We know who we are and where we are going to.）這種「自主自信」反映在以下由我填寫的協進會學生會會歌《衝破》的歌詞中：

> 共對挑戰不懼怕，
>
> 熱愛生命多發熱，
>
> 合力對抗偽善和壓迫，

建設一真美善國。

為甚麼要築路障？

誓要跨越諸障礙，

踏步前行，千百萬同志，

趁著如今去吶喊。

為著人群，愛化為力量，

洪流滔滔破浪濤，

越過巔峰，波浪再來，

先鋒衝去！

　　先鋒不是我，我只是先鋒的追隨者，他們憑視野超越限制，以行動闖出新路。一九六四年，有數名失明者突然醒覺到團結的重要性，便創立香港失明人聯誼會。十年後，他們又深深地明白權利不是唾手可得的，遂把平等、獨立、機會定為目標，又把會名改為香港失明人協進會。一九八〇年，我中七畢業，考進香港大學，修讀社會學。同年，我當選協進會執行委員，負責教育事務。翌年是國際傷殘人士年，我們約見國際教育顧問團，要求他們全面檢討失明人教育，確保香港提供平等教育機會。其後，我們又發表了題為《寄望於新一代：把認識失明人的知識列入中、小學課程》建議書，目的

是以知識掃除誤解及把社會共融的希望投放在社會未來的主人翁身上。那幾年走在「視野與行動並重」的路上，我感受到個人、社會與政府的良性互動以及此時此刻與明日之後的關連。

互動可掃除誤解及凝聚力量，力量愈大，進步的機會愈高。一九九二年，政府發表第二份康復綠皮書，題為《平等齊參與，展能創新天》。同年，香港復康聯盟成立，凝聚不同類別的傷殘人士和有心人，目標是推動傷殘人士的平等機會和全面參與社會，我獲邀加入康盟成為執行委員。過去廿多年，康盟致力倡議平等到位的政策及開辦社會企業。我在這條路上，進一步體會到社會觀念、社會設施和社會制度若能充滿仁愛、平等、自由的精神，便可成為多元包容社會的三根支柱。

除了支柱，讓不同社群和持份者交流的平台可發揮社會共創、社會共享的力量。基於協進會和康盟的關係，我曾踏上三個平台，與不同的人互動與交流。第一個平台是政府搭建的，即康復諮詢委員會。在那裏，我察覺到權限、資源和程序的脈絡，權力愈大，享有的資源愈多，所需的程序愈簡單，因此尋找同路人和遊說有心人起著非常關鍵的作用。

第二個平台是由香港社會服務聯會建立的，即視障

網絡，目的主要是為服務機構及自助組織提供交流機會，收集他們的意見，並向政府反映。在那裏，我看見百花齊放的組合，有自強不息的視障人士，有對子女不離不棄的家長，有熱心的商界和專業人士，有持守專業精神的服務提供者。那裏匯聚了訴求、熱誠和專業精神。在這個平台上，我看到互相效力的圖畫。

第三個平台是由懷著同一訴求的團體和個人搭建而成的。他們走在一起，組成聯席，例如香港殘疾人權利聯盟，爭取話語權，加速社會發展。這個平台沒有固定形式，靈活多變，像一場運動會，主要作用是發聲和表達訴求。通過這平台發動的社會行動，有成功也有失敗，更多的是停滯不前或微步前行，關鍵在於聲音的大小和訴求給社會的觀感。他們最終的訴求是，社會每一角落都能讓殘疾人士生活如常、各展所長。

自八歲失明後，為了光明，為了自我實現，我走過不同的路，經過不同的平台，目睹不同或同一時空下的遺棄、隔離，再看見福利、權利及互利的力量。在任何時候，視障人士和其他有心人以不同的行動燃點燭光，而積極的視障人士均以自強不息的精神適應和改變環境，像向日葵般擺脫束縛，尋求突破，朝向陽光。

生命中的喜悅

完成中三後，我從心光學校轉到聖保羅書院繼續學業。由於缺乏點字數學教科書，很多學兄和學姐都沒有選修數學科。後來一位在香港失明人協進會協助下得到升學機會的學兄，願意把他的數學筆記借給我閱讀。細閱之後，我覺得除了應用題是用英文出題外，內容跟以前用中文所學的大同小異。但若我真的要選修這科，就要解決沒有教科書的問題。那時，香港盲人輔導會和有關政府部門都沒有製作點字中學數學書，即使書內的文字我可以依靠別人誦讀，但數學符號是較難掌握的，而且數學圖表亦不能自行製作。

為了解決這個困難，我先從英國皇家盲人輔導會（Royal National Institute for the Blind）借來點字數學符號手冊閱讀。另外，使我欣喜的是，心光學校的朱慕

珍老師答應為我製作可摸讀的圖表。其後三年，她花了不少時間，用盡巧奪天工的剪貼技術，製作了數百幅圖表。同時，我亦得到數十把聲音的幫助，這些聲音來自家人、鄰居、朋友、同學和義工，他們把中三至中五的數學教科書一字不漏地讀給我聽，我就用點字打字機抄錄成點字版本。有了教科書，我就可在課前預習，在課堂上聽老師講解，並在下課後做功課和溫習。過程是從無到有，從身邊尋求助力，按部就班的獲取前進的動力，最後取得成果。三年過去，不但完成中學課程，數學科在香港中學會考和英國普通教育文憑考試也通過了。不但如此，我從數學科學到邏輯、統計學、或然率等知識，不但在其他科目大派用場，而且終身受用。

那三年的經驗使我領悟到，生命的意義在於能夠追求理想以及品嚐辛苦得來的成果。這些成果源於上天賜我的一切和別人給我的助力。那三年的經驗亦叫我不要放棄任何邁向理想的機會，儘管是向前挪移一小步，因為這一小步代表著生命中可堪回味的千辛萬苦！

從一張椅子說起

二○一四年十月十六日黃昏，我首次出席心光學校法團校董會會議。惟恐「佔中事件」造成交通擠塞，特意放半天假，提早一小時，在金鐘太古廣場門前輪候前往薄扶林道的巴士。一如所料，等了差不多半小時才有巴士到站。輪候期間，憶起第一次到心光的往事。

那時，經社會福利署轉介，家人帶我到心光見院長，安排入學事宜。我住在柴灣徙置區，貧窮是當年的普遍現象，我家可謂家徒四壁，地面沒有鋪上地板，只有兩張碌架床，一張摺桌，幾張木凳。由柴灣到心光，那時地鐵還沒有落成，需要轉三次巴士才到達。進入院長室後，我坐的椅子，靠背高高的，十分舒適，我摸到的像是地氈的絨毛，我估計是羊毛，因為當時心光附近是牛奶公司，飼養了牛、羊和馬。

回家後，告訴弟弟我將會就讀的學校附近有很多羊的。自己充滿期盼和幻想，這是八歲小朋友的天真吧！

　　誰知入了心光後，一切童話和幻象漸漸消失了，「羊」是有的，不過是「洋人」（諧音）。之後的日子，與其說是接受教育，不如說是為日後做牛做馬作好準備。事實上，能夠做牛做馬，都是一種幸福。因為我憑自己的能力能夠買到很多張舒服的椅子，改善家人的生活，幫助弟妹接受教育，為社會增添更多任勞任怨的「馬仔」。

被背負的感覺

　　最近，喜歡了冥想。每天早上，都在一株大樹旁邊站立數分鐘，靜心感受它的存在，彷彿無聲地與它溝通，並感應自己內心的呼喚及享受與自然的契合。今天，這種感覺令我想起一件陳年往事。

　　我剛失去視力那年，家人用盡方法想把我的眼睛醫好，不但花去大筆金錢，而且幾乎每天帶著我到處奔波尋找名醫。那時正當夏季，經常下著滂沱大雨，加上排水系統落後，山泥傾瀉和水深及膝是夏季常見的現象。母親為免我被水弄濕鞋襪和衣衫，於是背負著我，到灣仔的貝夫人眼科診所，到北角的印度醫生，到筲箕灣的分科診所，再到所謂的包醫奇難雜症的江湖術士診所求醫，不知走過多少地方，也不知走過多少路！在那段路上，我的心中總對母親有說不出的謝意！

殘疾無常　一位視障者對生命的感悟

事隔多年，如今在樹旁感受大地和紅日互存，靜空白雲悠悠。回想過去，在那段日子裏，金錢白花了，我的視力一點也沒恢復，但家人的努力，我銘記於心，被母親背負的感覺至今難忘。是那種永不放棄的愛，使我在視覺缺損下，仍可面對種種挑戰，過著多姿多彩的生活。

聖誕回望

　　我們居於香港，可以享受中西文化匯聚的好處。過了發揚家庭團聚精神的冬至，今夜是傳揚和平、希望和歡欣的平安夜，數天後接著又是西方和中國的新年，這也是立志和實踐的起步點。

　　昨夜窗外傳來悅耳響亮的歌聲，原來是一群懷抱基督信仰的朋友在報佳音。這不是一把聲音，而是幾十把歌聲合而為一，響亮、清晰而歡欣，加上風琴、小號和單簧管等樂器伴奏，令歌聲更動聽飛揚。這令我想起曾收過的聖誕禮物、寫過的聖誕卡、聽過的聖誕故事、參與過的彌撒和品嚐過的聖誕餐。

　　第一份聖誕禮物是一群住在德國的助養人寄給我的，他們是一群關心東方失明小孩的小朋友。禮物是一枝牧童笛、一個口琴和一個木製聖誕鐘音樂盒。我本來

是個對音樂毫無感覺的人，但這三種與音樂有關的禮物使我掌握了基本的音階和填詞的技巧。

小學時代，住在學校宿舍，聖誕假期頗長，通常有十六天。我和同學從文具店買來一疊聖誕卡，有的黏滿金粉，有的佈滿凹凸圖案，我們就在卡上寫了點字，然後請家人在信封加上地址，寄給要好的同學。在悠長的聖誕假期裏，我會收到四五張聖誕卡和幾封點字信。當時，家裏沒有電話，這是與同學難得的聯繫。

聖誕故事之中，查理士狄更斯的《聖誕頌歌》（Christmas Carol）會在香港電台播出。此外，關於耶穌誕生的故事更是在放假前由聖經老師說給我們聽：很久以前，在那遙遠的地方，星光之下，馬棚裏面，三個從東方來的博士，為那將會建立新天新地的嬰孩獻上黃金、沒藥和乳香。這些故事都帶給我一份盼望和歡欣的感覺。

我入讀的幼稚園、小學和中學都是基督教教會開辦的，聖誕節前會有慶祝活動。心光學校是德國傳教士創辦的，十分重視傳播基督信仰，即使上世紀五十年代初開始接受政府資助，一切課程大致上緊跟教育署的指引，但聖經老師仍然由德國女傳教士擔任。每年聖誕節前的四星期，稱為將臨期，學校每周或每兩周會舉行晚會，有同學被揀選背誦《聖經‧舊約》對彌賽亞救世主

來臨的預言。我們唱聖誕歌，吃餅乾、花生，飲熱騰騰的可可。印象深刻的是一班心光老人院的學姐彈奏水杯音樂，她們各自負責敲擊大小不同的玻璃杯，很是清脆悅耳。聖誕節假期前的晚上是聖誕晚會，當天幾乎所有老師、宿舍保母 (House-mothers)、廚房的工作人員都忙著佈置飯堂和分配聖誕禮物。我們改在操場進食午餐和晚餐。每名學生在聖誕節前的一個月已向老師說出三個聖誕禮物的願望，到時各人會得到一份禮物。玩具警車、錄音帶、羊毛外套、皮鞋等是我曾收過的聖誕禮物，在物質匱乏的那些年，禮物增添了歡欣和喜悅，也在我的生命中注入希望和溫情。

大學時入住由耶穌會創辦的利瑪竇宿舍，平安夜會有子夜彌撒，我曾參與其中，感覺氣氛莊嚴、歡欣而神聖。翌日，留在宿舍的宿生還可以享用一頓免費的聖誕餐，在冬日下與宿友一起品嚐，別有一種說不出的暖意湧上心頭。

原來聖誕節的歌聲會勾起我那麼多埋藏已久的記憶 —— 一段段可堪回味、暖在心頭的生命歷程。在這些生命歷程中，仁愛、和平、盼望等普世價值已深深地植根在我的心靈深處，使我跨過重重障礙，努力不懈地繼續傳揚眾生平等、傷健共融的訊息。

我在路上遇過的一些人

　　每天上班工作，出外用膳，手拿白杖，環境熟悉，應付自如。行走時，無數的人擦肩而過，在我來說，他們是不明奔行物體；若他們不是低頭一族，只要我是在他們的視線範圍內，他們便知道我是失明物體。各人在自己的生活軌跡運轉，無需互動，亦鮮有交流。

　　有時候，一些路人擔心我「行差踏錯」，主動提出協助，我是樂意接受的；除非他們是百分百的單向認知者或不可一世的大慈善家，硬以為我必定是走某條路，不問情由，也沒有知會，強行把我拉到錯誤的方向，在這情況下，我會婉拒他們的好意。

　　其實，一路上有人伴我同行，如搭順風車，不但增加速度，又可談天說地，增廣見聞。記得在中、英正就香港前途問題談判期間，一位來自美國的路人與我談論

一國兩制及香港高度自治的可行性。數年前，又有一位定居香港的英國人在路上與我暢論中西文化的異同。搭這種順風車，如置身於起伏不定的波浪中，腦筋受到愉悅的震盪。

相較外國人，中國人就內斂得多！廿多年前，有一位自稱「樂富朋友」的路人，每次看見我，都會陪我走一段路。儘管他不願透露姓名，但他的態度是真誠的。九七之前，又有一位花店女東主經常與我同坐一列地鐵上班，她善良主動，樂意與我分享生活點滴。他們性格迥異，但兩人都是我在路上遇到的天使。

我有時在路上也充當別人的生活教材。碰到正在拍拖的男女，女的總是出口術，指揮男友協助我，他多數是手忙腳亂的。有小孩在旁的母親也非常樂意幫助我，以身作則，讓仁愛精神植根在孩子心中。這足以證明許多人希望另一半和下一代是關懷別人需要的。

兩年前，曾有一位路人，在地鐵車廂內主動為我找座位，惟沒想到他竟唐突地問我何時退休，我答暫時沒有計劃。今年五月遇見他，他對我說，由於他是紀律部隊人員，需要在五十五歲退休，兩星期後便是要退休的限期。原來，路人的問題也反映他們當時的心態和處境，世間沒有無緣無故的言行。

數日前，有一位就讀聖士提反女子中學中六的同學主動領我到地鐵入閘機，她又陪我到金鐘往柴灣的月台，而她居住上環。一路上，她稱讚同校一位視障師妹的能力和成績，我對她說：「妳們的學校自從上世紀七十年代初就不斷取錄視障學生，讓她們接受融合教育。」我相信她的師妹是一位品學兼優的學生，在學校樹立了好榜樣。

　　的確，視障人士值得幫助、值得交流，全賴他們努力生活，活出尊嚴，獨立自強，發揮能力，並同時會回饋社會及幫助他人。

通過閱讀裝備自己

我愛閱讀，有一顆感謝蒼天賜我無數助力的心。在書海中泛舟，能夠聽到若隱若現的天籟、感受正邪難辨的人性、咀嚼真假不明的道理、嗅到百般滋味的人生、摸到盤根錯節的藩籬、看到黑夜盡頭的曙光。閱讀不斷給我啟迪、反思、感悟和力量。我認為通過閱讀裝備自己有三個階段：第一是潛質未經琢磨，第二是經過學習取長補短，第三是融會貫通。

或許你從沒想到「失明」可以與「閱讀」扯上關係，但鐵一般的事實告訴你，這並非天方夜譚。我失明後確實能在書海中拾貝，並在過程中感受五彩繽紛的人和事，從遠古文明到世界近百年的巨變。

八歲那年，我因急性青光眼而瞬間失明，但這並沒有阻礙我在學海上的旅途。失明也沒有成為我閱讀的羈

絆，因為我還有其他感官。我自幼便很喜歡閱讀，這成了我每天的習慣。在心光盲人學校寄宿的日子，晚上我會走上天台朗讀英文，因為我知道心光是一所以中文為教學語言的學校，要英文進步，就必須加倍努力。每天我也要溫習課本，即使是時間很短，我也堅持重溫主要科目的一個課題。那我辛苦嗎？不會，因為我不想在學海的旅途上有所耽誤。事實上，我渴求學問，它能給我力量、樂趣和希望！

或許你會問，失明人怎樣閱讀？我們確實在這方面是有困難的。上世紀七、八十年代的我，為了轉讀英文中學作好準備，我在舊書攤買來英文版的世界歷史和經濟及公共事務課本，在義工的協助下，將之轉譯成點字，或者揀選部份內容錄音，課餘時便可用手閱讀或用耳聆聽，久而久之，我讀過的書確實不少。踏入九十年代，隨著個人電腦普及化，我透過發聲軟件和點字顯示器，能夠閱讀即日報章、瀏覽網站和收發電郵。

自失明以後，我亦曾面對不少挑戰，偶有失落的時候，閱讀卻令我重新得力，繼續人生的旅途。每個人都有他的限制，而限制本身可以是障礙，也可以是挑戰。失明不時給我挑戰。要重新得力，就必須接受失明的事

實，定下目標，善用視覺以外的感官、別人的幫助和社會的資源，以克服失明給我的挑戰，這樣才可「行到水窮處，坐看雲起時。」面對難解的問題，書本經常給我指引，就如我看過笛卡兒的傳記，他除了提出「我思故我在」的哲學理論，他也指出提升個人素質的三大知識領域：第一是倫理學，亦即改善人際關係；第二是工具學，要好好利用科技和輔助儀器，以加強競爭力；第三是醫學，要令自己身心健康。笛卡兒給了我很有用的建議。書本果真有一種不可思議的力量，令人建構出信念及努力的方向。

現在的我，從事文字工作，每天接觸文字。我不會停下來，因為我希望能將閉眼看世界的感悟變成文字。我發表文章，參與爭取殘疾人士權益的工作。我在人生路上不敢鬆懈。在每個人的命途上，由生至死，由此岸到彼岸，成敗得失，起伏難料，或者乘風破浪，或者寸步難行，一切緣起緣滅，永遠都在自覺與不自覺之中交替出現，只要在自覺時堅持信念，在不自覺時盡快反思，便能邁向目標。

從依附到獨立

「從依附到獨立」是成長心理學研究的課題,也是家庭和學校培育下一代的重要過程。我很幸運,母校的環境和氣氛既能訓練我的紀律和責任感,又能促進我和同學間的互動和合作,這正好體現在我從學校回家的進程 —— 先是家人接送,繼而是與同學聯群結隊乘車搭船,最終是獨立上路。

我是在一九六七年三月二十三日入讀心光盲人學校的。心光是一所寄宿學校,位於港島南區薄扶林道,距離瑪麗醫院和鋼線灣(現稱數碼港)不遠,矗立在一個斜坡下,背山面海,環境優美。我們需要在星期日下午回校,星期五放學後回家。不過,在上世紀七十年代初政府開始發放傷殘津貼之前,除了聖誕節、農曆新年、復活節和暑假,校方容許學生留在學校,周末上午會有

紅十字會的義工帶我們出外遊玩，他們都是來自普通中學 (Ordinary secondary school) 的「大哥哥」和「大姐姐」。沒有他們，我的童年不可能有機會到維多利亞公園、太平山山頂、巴黎農場（位於現時的海洋公園附近）、兵頭花園（現稱動植物公園）及海運大廈等地方一遊。

我剛上了兩天課便需回家，因為碰巧是復活節假期，這是我第一次由家人接送回家。之後數年，除了有一次發生特別事件，上學和回家都是由哥哥、姊姊或弟弟接送。

一九六七年是香港動盪的一年，因為發生暴動，學校提早放暑假，由於家裏沒有電話，校方來不及通知我的家人，我被迫多留在學校數天，最後由宿舍保母陪同乘搭校車回家，這是我第一次乘坐校車（似乎是七座位的），八年後我才每天早上乘坐校車到聖保羅書院上課。

小學階段，周五放學後，大家執拾好旅行袋，把需要洗熨的衣物放進裏面，便蹲在飯堂旁邊的石階等候家人。有些同學的家人早來，便與他們傾談，他們有時會給我巧克力或其他零食吃。那時，香港沒有地下鐵路和過海隧道，住在九龍、離島和新界的家長需花上數小時接送子女，路途是迂迴的，需要轉車、轉船再轉車，暈

車浪和暈船浪是當時的一點回憶。

到了高小至初中階段，我們開始長大，便找來同路的同學（有些是弱視的），聯群結隊回家，我們一起乘坐巴士到中環，然後再乘渡海小輪。出了佐敦道碼頭，有時會光顧街邊的熟食檔，在回家前，品嚐街頭美食。

一九七四年左右，學校開始提供行動定向訓練。我學習了使用手杖的方法、領路法（Sighted guide techniques）、行動技巧及不同交通工具後，無論是回家、上學或參與活動，我都能獨自上路。當時的行動定向導師曾提議我到澳洲學習使用導盲犬，但由於我要到普通中學繼續升學，故不能成行。

去年年初某個星期日，我回母校參加校友會的活動。恰巧與一位小師弟同坐一輛從中環開出、路經母校的小巴。上車時，有路人協助他，他向那路人道謝後便坐下。下車後，我覺得小師弟的行動有點蹣跚，便上前問他是否需要幫助，他很有禮貌地婉拒。我說我也是回心光的，我們便一起走了一程。他除了失明，一邊身還有點痙攣，但他勇敢地詢問小巴的路線，禮貌地婉拒別人的幫忙（因為他能應付），態度不卑不亢，給我留下很深的印象。一路上，他談到暑假後會到一所普通中學重讀中三，又說很喜歡海洋公園的機動遊戲，他姊姊

在一所大學念新聞系，遲些日子她會陪他到海洋公園玩。我想小師弟也經歷了我在回家和上學路途上的進程——從依附到獨立的進程。在這進程中，有家人的關懷、同學的友情和自己的成長。

我的工作體驗

　　辦公室是一個小社會，從工作中所獲得的體驗，可讓我理解人與事的變化規律。

　　記得第一天上班時，懷著戰戰兢兢的心情，一切都很陌生，唯有硬著頭皮面對未知的將來。工作了這麼多年，經歷是多了，體力卻不如前；可貴的是，認識到由年資、工作表現和其他元素所構成的評核制度，有的事情可以自我努力，有的力有不逮，有的無能為力！

　　辦公室的人際關係是相互統屬和配合的。同事的維繫決定於他們的互動，而他們的去與留不單是工作上的安排，有時還體現了人生不同階段不可逆轉的力量，如悲歡離合和生老病死 —— 不時有同事結婚、生兒育女、離職或退休，間中也有同事身患頑疾、甚至英年早逝！

　　其實，人與事的種種變化，易經的六十四卦已早有

描述。人生有「否」有「泰」，這一切得失成敗、緣起緣滅，永遠都在自覺與不自覺之中交替出現，亦盡在工作中面對和體驗。

又到聖誕

　　每年十二月初，辦公地方的升降機大堂總會擺放一株聖誕樹，直至元旦才會搬走。記得，數年前這個時候，行經那處，偶然會碰到這株聖誕樹，弄得掛在樹上的一兩個小球掉在地上，需要同事重新將之掛上。近幾年，這種情況沒有發生，因為這株聖誕樹不但閃閃發光，而且還會響起多首悅耳動聽的聖誕音樂，走近時便會聽到。

　　念小學的時候，每逢聖誕節前，都會到文具店購買十張八張聖誕卡，回家後在卡上寫上點字，請家人在信封上加上地址，然後寄給要好的同學。最初的聖誕卡不能給我觸感，後來找到一些塗上金色粉末圖案的，更有一些是有凹凸圖案的，最令我驚喜的是那些裝有一粒小電池，能夠發出聖誕音樂的聖誕卡，這令我的童年充滿

音律、觸感的聖誕回憶。

在非常倚重視覺的世界，大概奉行「無聲勝有聲」的原則。許久以前，我曾被一輛沒發出堵車響號的貨車碰過，幸而傷勢不嚴重。這些年來，情況改善了，連巴士的車門都會發聲，提醒司機有人或物貼近。然而，我認為周遭環境可改善的空間多的是，例如我經常在執行法律判決的高等法院，踢到寫上「小心地滑」的警告牌。其實，這些障礙物加上發聲裝置非常容易，花費不多，倘若當局能在這些障礙物加上能發出《家是香港》的歌聲，那是多麼有創意！

小強是一位患有讀寫障礙的小四學生。融合教育老師跟小強玩角色扮演遊戲，讓小強學習處理別人的揶揄。老師笑說：「你要用大格子紙張寫字，又要用間尺輔助，真古怪！」小強鄭重地回答說：「老師，請不要笑我，這是我的需要。」無可否認，弱者的需要長期被忽略，政治如是，經濟如是！這不是人類文明的做法。又到聖誕，那共享文明的時代何時會到來？

熨衣的氣味

　　喜歡用手帕抹乾濕了的手，因為可以節省抹手紙，減少砍伐樹木。在辦公地方的廁所洗手後，用手帕把手抹乾，然後把手帕放在乾手機的出風口旁邊，讓噴出的熱風吹乾的時候，一陣陣很熟悉的氣味便撲鼻而來⋯

　　這是水蒸氣從手帕裏散發出來的氣味，這是熨衣的氣味，路經洗衣店時可以嗅到，也是我小時候經常嗅到的氣味。

　　念小學和中學時，在心光盲人學校寄宿。它是一座五層高的長方形建築物，建於一九六一年，一樓是禮堂、飯堂、音樂室、幼稚園課室、教員休息室和廚房，還有兩個用作家政室和工藝室的地下室；二樓是校務處、醫療室（我們稱為「藥房」）、教具室（裏面放置了從德國運來的動物標本、一副人骨、地球儀、地圖和

數學儀器）、課室、圖書館和一間用作教養弱智失明兒童的房間；三樓是課室、打字室、供接受混合教育學生用的溫習室和院長宿舍；四樓及五樓是康樂室和學生宿舍，可供約一百一十人寄宿。天台兩端是洗衣房和熨衣房。

每逢周二及周五，當值學生從宿舍房間把需要燙洗的衣服放在洗衣房門前，然後又從熨衣房工友手中取回熨好的校服和便服（我們稱為「閒日衫」）放到宿舍房間裏的公用衣櫃上，由宿舍家長按照衣服上寫上的姓名派發到宿生的椅子上。這些衣服用雙手捧著時，手心感到一陣溫熱，鼻子嗅到一股熨衣的氣味。到如今若嗅到這種氣味，總會彷彿回到昔日的學校寄宿歲月 —— 充滿紀律和服務精神的日子。

回望足印，繼續前行

殘疾無常，前行有路。

雖然復康之路未必平坦，但是只要群策群力，朝著目標，終會踏平崎嶇。

一九七六年，政府發表《香港康復服務的進一步發展》綠皮書，翌年公報《群策群力協助弱能人士更生》白皮書，並成立康復發展協調委員會（現稱「康復諮詢委員會」）。我在這個委員會裏認識了一些有心有力的專業人士和政府官員。

香港復康聯會設立不同的殘疾網絡，我在這些網絡中結識了不少自強不息的殘疾人士和對殘疾子女不離不棄的家長。

一九九二年，政府發表《平等齊參與，展能創新天》康復政策及服務綠皮書，同年香港復康聯盟成立，

它不單是一個殘疾人士組織，也是一個匯聚各方力量的平台。我獲邀加入成為執行委員，和一眾執行委員、會員、職員、義工和顧問一起為殘疾人士爭取公民權利和天賦人權。

廿八年來，我們的政策倡議遍及殘疾人士的海陸空交通和生活的每一環節，我們的足跡跨過一個又一個復康路上的里程碑，包括：康復政策及服務白皮書的發表、《殘疾歧視條例》的通過、平等機會委員會的成立以及聯合國《殘疾人權利公約》的實施。

今年是康盟成立二十八周年，回望辛苦走過的足印，當中印證了無數人的努力；在這一刻，讓我們整裝待發，繼續與社會上各個持份者在復康路上並肩前行，走出一條多元共融的康莊大道。

我與《明報》持續遞進的關係

　　我是在新中國高喊大躍進那年出生的，《明報》也在翌年誕生，此後我與《明報》的關係是持續遞進的。

　　我在一九六六年因病失去全部視力。那年蘇守忠穿著印上口號的 T 恤，反對天星小輪加價，他的行動啟動了之後數十年一浪接一浪反強權的社會運動。失去視力使我無緣在那時讀到《明報》創辦人查良鏞先生的武俠小說以及他發表的「寧要褲子，不要核子」的社論，然而我日後的際遇證明視力不是決定能否接收即時新聞的唯一必要條件。

　　從中國試爆第一顆核彈至中英談判香港前途問題期間，是我的求學時代。那是火紅的年代，受壓迫者不斷發出怒吼，挑戰強權，計有美國黑人民權運動、保衛釣魚台事件、「反貪污捉葛柏」事件、中文運動、金禧學

校事件、油麻地艇戶事件等，這些新聞我除了從收音機聽到之外，也從老師的口中聽到。教我公民科和社會科的陳老師和麥老師會把報章內容讀給全班同學聽，當然包括選自《明報》的新聞，這是我首次與《明報》在歷史的長河中交匯。從報章聽到的新聞比電台詳盡而且包羅萬有，我們都聽得津津有味！

上世紀七十年代中至九十年代初，我和其他失明朋友是聽報章的舊聞而非新聞的。那時，香港盲人輔導會的點字及錄音圖書館的義工會把最近一星期的各大報章剪輯及錄製成六十分鐘的卡式錄音帶，然後郵寄給我們，縱使是存在時差的舊聞，我還是很愛聽的，因這是從無到有的一個大躍進。數年前《明報月刊》仍以這種方式郵寄給失明讀者。

說到時差的問題，點字及錄音圖書館在上世紀八、九十年代才把整套金庸武俠小說和冷夏先生所著的《金庸傳》陸續製作成有聲書籍，而《雪山飛狐》則製作成點字書。從那時起，我才得知《明報》創辦人查良鏞先生是怎樣從百廢待舉的戰後香港帶領《明報》走到後殖民時期的經濟起飛，還將《明報》變成一間上市公司。我很愛聽金庸的武俠小說，不但情節引人入勝，而且從中可以吸收到豐富的中國文化，例如《天龍八部》就盛

載了歷史、地理和儒、釋、道等各家的哲學思想。

在剛過去的十數年間，我和《明報》的關係可說是空前緊密的，幾乎沒有存在時差的問題，也沒有存在選擇性輯錄的問題，因為盲人跟一般人一樣也步入了資訊科技時代。透過發聲軟件和接駁到電腦的點字顯示器，我能夠閱讀到即日的《明報》，也可以瀏覽《明報》網站。我亦曾以電郵方式投稿，賺取了平生第一份稿費，投稿的作品是一首題為〈永恆的夢想〉的新詩。二〇〇七年，我又在《明報》出版社出版了我第一本書——《香港盲人走過的路：從自我覺醒到尋求突破》。

說到《明報》，我最愛閱讀世紀、時代和觀點版，有關作者不但分享經歷和知識，而且提出不同的生活態度和議事角度，使我的視野擴闊了，社會意識也提高了。二〇一四年二月二十六日，《明報》前總編輯劉進圖先生遇襲。這宗事件提醒我們，新聞自由是需要捍衛的，言論自由是需要尊重的，免於恐懼的自由是需要確保的。

在未來的日子，盼望《明報》和其他報章可多報道佔超過十分一人口的殘疾人士情況，使他們更能平等地參與及全面地融入社會。我還有一個夢想，就是我能在任何文字媒體發表更多文章，以盲者的角度「閉眼看世界」，細味生命，訴說人文關懷，為公民社會的大躍進而盡力。

二〇一五年的生日願望

各位朋友：

多謝你們從臉書或電郵送來的祝賀！

許久沒有定時上臉書，因為一來沒有甚麼值得分享的東西，二來事務繁多，分身乏術。

今天是我的生日，是新曆也是舊曆的生日；嚴格說，今天只是我的生日紀念日；再嚴格一點說，每一天都是我的生日紀念日，因為這樣才令我每天都懷著感恩的心，感謝父母，感謝在每一個生日紀念日曾與我相遇的每個人，感謝創始成終的神！因為我的存在不能沒有宇宙的運行，不能沒有父母，不能沒有大家給我的經驗和經歷。

我的生日願望，或者說我的每一個生日紀念日願望，是帶給與我直接或間接相遇的朋友一點良好的經驗

和經歷。

在未來一年，我希望藉著三個途徑實現這個願望：

第一，是透過香港失明人協進會五十周年特刊《亡目無礙》，傳播視障人士跟每一個人一樣，希望也有能力實現自我的信息；

第二，我會在心光學校法團校董會以視障校友的角度參與校政，對學校的願景、使命及價值提出建議，同時希望有能力的學弟學妹能在心光學校任教；

第三，當然不會是最後，我會找一些志同道合的朋友，研究及了解仁愛精神、平等、尊嚴及自決等理念，在過去及將來怎樣協助視障人士站起來。

回到第一個途徑，如無意外，《亡目無礙》將於七月出版，到時期望得到大家的支持，踴躍購買，送贈朋友。

最後，既然每一天都是我們的生日紀念日，就讓我也祝賀你們生日快樂吧！

第二部　説話篇

我要說的三種話

許久以前，閱讀有關實證研究法的文章，當中的理論和技巧，我全都忘了，但有一句話我記憶至今，這句話就是：「為了預測未來，便要了解真相；為了掌握未來，便要作出有理據的預測。」英文原文是："To know, in order to predict; to predict, in order to control." 也就是說，要締造更美好的明天，我們需要客觀地描述真相，科學地分析現象及總結經驗，踏實地釐定目標和方法以及無畏地勇往直前。因此，開會發言或發表文章，我堅持要說三種話。

第一，我要說真話——不經修飾、沒有權衡輕重、對現象的客觀描述。從小就很喜愛童話故事《國王的新衣》裏的小孩，同時討厭成語故事《指鹿為馬》中的趙高和他的黨羽。儘管真話令有權有勢的人尷尬或不悅，

仍然相信背離現實的歪論不會引領我們通向美好的明天。聖經說只有小孩子才能進天國，也只有《倚天屠龍記》裏張無忌的少年身軀才能穿越狹窄的山洞，到達別有洞天的世界。

第二，我要說令人進步的說話——建基於事實、經歷考驗的建議，只要有心有力便可達成理想。也許我受了上世紀七十年代一本暢銷小說《天地一沙鷗》的影響，我很追崇小說中找到超越時空限制飛行方法的小海鷗Jonathan，牠告訴同伴們任何海鷗都可以學會超越時空限制的飛行方法，可惜牠們不相信。牠說：「飛高一點，看遠一點。」的確，視野決定進程。

第三，我要說出弱者的苦況和心聲——我希望人類社會能夠從弱肉強食的森林定律，邁向互補不足、百花齊放的境界，使強者履行公義，讓弱者發揮所長，建設一個社會共享的環境。村上春樹於二○○九年所說的話並不過時：「如果這裏有堅固的高牆，有撞牆即破的蛋，我經常站在蛋的一邊。」而我們視障人士其實早就以行動預演出村上春樹的《高牆和雞蛋》。如村上春樹所說，在實力懸殊的兩陣之間不該猶豫，一九七一年的「盲人工潮」支援者就是如此。所謂薪火相傳，要求的不僅是合理的工資，而是曾經由千百個同行者共同演繹

出來，那靠向蛋並成為蛋的精神。這樣的話，受權力逼迫而脆弱如蛋的靈魂才得拯救，村上春樹如是說。

但願我會說的三種話能有助社會共建、社會共享和社會共融。事實上，歷史上有無數的大衛，手拿蛋擊倒象徵強權的歌利亞，創造新的局面。

取長補短是自我完善的引擎

（本文為筆者於二〇一二年十二月八日在香港紅十字會甘迺迪中心校友會第一屆會員大會上的分享講話。）

創會會長、創會委員、創會會員、各位嘉賓、各位朋友：

今天很榮幸獲邀擔任徵文比賽頒獎嘉賓，並有機會與你們分享四個人生片段，也談談我的人生快事。在我來說，人生快事是由人生小事發酵出來的。在這些人生快事中，我都能夠找到值得學習的人和事，使我邁向自我完善。由於時間有限，今天我打算只說四件人生快事。

第一件發生於一九七四年。那年暑假，我和數名失明同學被心光盲人學校挑選參加外展學校為期一周的訓

練營，參加者都是有殘障的，包括智障、視障、聽障、肢體傷殘。我和他們都是十多歲的小伙子，其中一名將升讀中五的肢體傷殘少年給我留下很深刻的印象。他名叫阿彭，他健談樂觀、動靜皆能，遠足、爬牆、划獨木舟、玩繩網陣都難不倒他；在自由時間，他常與我的師兄下棋；他又經常擔當領袖角色，原因是他能以流利英語跟一名外籍教練溝通。訓練營之後，我也思想日後到普通中學升學的問題，便決心早晚運動，並打好英語基礎。我從阿彭身上學會充實自己、自強不息。

第二件人生快事發生於十年後，那時我已大學畢業，努力找工作。當時，我在香港失明人協進會當委員，負責爭取權益。協進會、工業傷亡權益會和驛橋小組組成聯盟，向政府要求改善殘疾人士的就業情況。工業傷亡權益會的代表是李卓人；驛橋小組的代表是張健輝、袁煥珍和黃嘉玲，他們都是一間現已停辦的特殊學校畢業生，當時香港還沒有九年免費教育，他們升學遇到你們今天不會想像到的困難。無論如何，他們對信念的堅持使我迎上前去，到今天他們仍然是獨當一面的人物，我從他們身上學會堅守信念、長期奮鬥。

第三件人生快事發生於一九九二年。當年我認識了陳福成先生，他邀請我加入香港復康聯盟成為創會委

殘疾無常 一位視障者對生命的感悟

員。陳先生讀大學時遇上交通意外，之後終身要與輪椅為伴，但他沒有氣餒，畢業於香港大學。他是成功的會計師，更是香港殘疾人權益運動重要的先驅者。他辦事認真，一絲不苟，不卑不亢，是我的榜樣，我從他身上學會組織能力和領袖作風。好的領袖也是好的僕人，懂得同舟共濟、邁向目標。

第四件人生快事，就是於不久之前加入香港殘疾人權利聯盟。沒有遇上陳先生，我可能不會參與今天的盛會，因為我是代表康盟出席香港殘疾人權利聯盟的，我亦因此認識了 Maria 和志豪。Maria 做事的幹勁和志豪的有條不紊都值得我學習，他們一個傳承下去，一個接棒上路。從 Maria 和志豪身上，我也能取長補短，繼續自我完善。然而，有一樣東西我是再學習不到的，這就是「青春」。各位校友會成員，時間在你們手上，更多的機會在你們前面，我深信你們本著「立己達人，不作自限」的宗旨，一定可以讓每一位校友達至融入社會及改善生活。最後，我再次恭賀貴會生日快樂，並恭喜徵文比賽各位優勝者。

多謝大家！

失明給我的體會

（本文為筆者於二〇一三年十一月十六日在香港復康聯盟陳福成資源中心與二十位嘉諾撒聖瑪利小學四年級同學的談話內容。）

各位同學：

　　妳們好！今天很高興與妳們見面，互相認識，互相交流。妳們的到來，給我一種歷久常新的親切感。這種親切感源自妳們的辦學團體 —— 嘉諾撒仁愛女修會，以及妳們的師姐。嘉諾撒仁愛女修會於一八六三至一九八七年期間開辦嘉諾撒啟明學校，為一群被社會忽略的視障兒童提供教育，該校的一些畢業生是我的好朋友。另外，在我求學的歲月裏，曾有一些嘉諾撒聖瑪利書院的同學，樂意不辭勞苦地在放學後及周末上午，從

妳們母校的所在地尖沙咀及她們的居所，乘坐巴士到九龍塘火石道二號香港失明人協進會前學生中心，把我需要的書本及筆記內容讀給我聽，她們的幫助，我銘記於心！

各位同學，妳們的社工姑娘希望妳們親身認識殘疾人士、與他們交流及互相學習；她又希望我說一些小故事，關於如何克服失明帶來的困難，以及如何培養積極進取的人生態度，也就是談談我失明後的經歷和體會。現在就讓我與妳們分享三個體會吧！

失明給我的第一個體會就是條條大路通羅馬。羅馬就是目標，人人的羅馬不盡相同，達成目標的方法也不只一個。沒有視力或視力不好的人讀書，可以閱讀點字書、有聲書或放大字體書。八歲那年，我因眼病而導致失明。翌年，我入讀心光盲人學校。在心光，我學會點字，學會觸摸有凹凸標誌的地圖，又學會用手杖走路。就是這樣，通過不同的方法，我能夠下棋，能夠玩「大富翁」，能夠踢足球，生活就充滿姿采和希望！近數十年，資訊科技為所有人，包括視障人士，鋪設不同的大路通向各自的目的地。

我的第二個體會是，與別人互補不足，可以令大家辦事有更高的效率、得到更多的滿足感及更好的東西。

年輕的時候，我和許多失明朋友都很愛踢足球，我們還會舉辦有聲有色的足球比賽。妳們會問失明人怎樣踢足球，怎樣安排足球比賽，前面說過條條大路通羅馬，我們可以選擇適合的足球和球場。我們揀選了「西瓜波」，因為它在地上滾動和彈跳的聲音容易給我們聽到；我們又選擇了一條兩旁有高牆阻隔的巷子，加上四周環境的參照物，如水管、去水渠，我們就能在球場上活動自如。一天不下十場的比賽，全賴失明足球發燒友的安排。他們會購買西瓜波、招募球員、編定賽程表，並找來弱視或健視的當求證。整天賽事體現了互補不足的精神。

然而，無論在過去或是現在，我深刻地體會到不被接納和被排斥都是實踐互補不足的絆腳石。因此，仁愛精神是何等重要，大家互相效力，使弱者站起來，使有需要的人迎上前去，使世界更美好！嘉諾撒仁愛女修會在一百五十年前就證明了這個道理，妳們的師姐在我的求學過程中也證明了這個歷久常新的道理。一九八三年，嘉諾撒啟明學校校長關修女在我修讀教育文憑時給我實習機會，我得以迎難而上，深入研究教育在視障人士充權方面所起的作用。

各位同學，以上就是我的三個體會。聽到妳們的到

來，令我的腦海產生第四個體會 —— 任何對人類文明有益的動力都需要依賴「薪火相傳」，這四個字盛載著尊重生命、扶助弱者的行動。但願妳們也會成為仁愛精神的接棒者和交棒者、人類文明的推動者、社會前進的一份子。剛才，有同學問我怎樣辨別顏色，又有同學問我為甚麼不放棄，聽完我說的四個體會後，妳們會有答案嗎？

五代有聲書的前世今生

（本文為筆者於二〇一三年七月十九日在香港會議展覽中心一個有聲書發佈會上的講話內容。）

各位逛書展的朋友：

　　今天很高興有機會參與《傳說我城一〇三》有聲版的啟播儀式。跟昔日的大笪地和今天的網上討論區一樣，這本書發出香港各個角落、各個階層的聲音，奏出一首和而不同的交響樂，各自各精彩。書中收錄了我的〈百變加油站〉，文中憶述一個給我前進動力的地方，有興趣的讀者可以打開這本書看看，或稍等一會兒聽聽有聲版的試播。顧名思義，有聲書就是通過某些媒體把資料、資訊和知識送到人的耳朵中，交由大腦咀嚼和欣賞。

出現在我生命中的第一代有聲書，都是出自家人、師長、朋友和義工的，他們說出他們的見識和讀出坊間的書報。記得有一個含有教化意味的故事，是由祖母說給我聽的：傳說從前有兩個饑腸轆轆的旅人，逐家逐戶敲門討飯。一個長了癩瘋的人打開門，樂意給他們飯菜，一人欣然接受，但另一人則斷然拒絕。數天後，後者長了癩瘋，前者一路順風。這是我聽到的第一個把互相尊重與因果報應拉上關係的故事。

我童年時代很愛聽電台廣播劇，例如：香港電台的《孟姜女哭倒長城》，從老百姓的感受述說秦朝盛世；商業電台的《讀者文摘》是我聽到的第一本有聲月刊，它告訴我許多發生在世界各地的人和事，擴闊了我的視野；麗的呼聲的《西遊記》使我聯想到，人的心中都存在著唐三藏和他三位徒弟的特性，而在人生的旅途上，道德和信念應該起著領導作用，陪同毅力、創意和喜樂，應付一個又一個挑戰，邁向理想。

我聽到的第三代有聲書是從錄音機播出的錄音帶。少年時代，我從香港盲人輔導會借到《人性的弱點》、《天地一沙鷗》、《為甚麼我不敢告訴你我是誰》等有聲書。由於香港的點字書及有聲書的種類和數量有限，我又從美國的失明及讀寫障礙書籍製作協會（Recording for the Blind and Dyslexia）借來有聲書，以強化我的學術根基，該會和香港盲人輔導會以免費盲人郵件方式把有聲書寄到我家，這些書都是由熱心的義工們逐字讀出的，書中內容影響了我的價值觀和人生信念，同時亦豐富了我的生活天地。

上世紀九十年代，有聲書經歷第四波的革命，這是由資訊及通訊科技帶動的成果，包括磁碟操作系統（Disk operating system）時代的「天國書童」發聲軟件、視窗操作系統時代的讀屏軟件以及電子書時代的讀書機和網上平台。在這個時代只要手拿讀書機或坐在電腦旁邊，就可瀏覽書海，而我在五年多前自資數萬元出版的《香港盲人走過的路：從自我覺醒到尋求突破》也在資訊科技的書海中泛起一些漣漪。若果儲備足夠金錢，我打算再接再厲，自資出版另一本書，傳達「各方合作，大家快樂」的「社會共享」訊息。

本年六月，世界知識產權組織（World Intellectual Property Organization）召開大會，為視障者和印刷品閱讀障礙者獲取已發表的作品提供便利而簽訂一條歷史性條約。但願在不久的將來，世界上每一個人，包括感官殘障人士，都可以無障礙地閱讀。這就是有聲書的第五個時代，不論文字、聲音、氣味、觸感物料，都能成

為書的媒體或元素。我見證這個時代的萌芽，因為《傳說我城一〇三》的有聲版發揮了社會共享的精神。讓我們齊心努力，使這個宏願開花結果吧！

多謝大家！

建立國際交流平台

（本文為筆者於二〇一五年八月二日與六名出席第一屆亞太視障青年高峰會香港代表的部份分享內容。）

各位朋友：

　　人一生中大概都會問過「我是誰」、「為何是我」、「為何不是我」等問題，特別是在青少年時期。《射鵰英雄傳》的郭靖和歐陽鋒都問過這些問題，前者成為奮勇抗蒙大俠，後者卻瘋瘋癲癲地不斷尋覓過去的我直至離開世界。

　　我們若知道自己的特質、特徵、特性，便有助我們作出取捨、發揮所長及與別人互補不足，否則我們就像無舵之舟，不知方向，做起事來，事倍功半。

　　我是誰？化學家會告訴你，人是一堆化學元素，比

智能電話便宜；神學家會告訴你，人的軀體會變壞，靈魂才會永恆；心理學家告訴你，人是由身、心、靈構成，需要健康、快樂和滿足。事實上，我們的成長除了顧及吸取知識、培養情商和確立道德外，由於我們看不見或看不清，所以需要了解視障帶來的挑戰及與視障同儕分享克服視障的經驗，而這次高峰會提供一個很好的機會，讓大家增加對不同地方視障青年的認識，亦讓與會者彼此交流「在視障挑戰下生活」（Being visually impaired in the world）的體會。

三天的會議匯聚亞太區不同地方的視障青年，他們來自東亞區、印支半島和南太平洋區等國家，他們身處不同的氣候環境，說不同的語言，傳承不同的文化習俗，成長和發展的機會（life chances）迴異。與會者除了來自不同國家，他們亦代表不同機構，包括自助組織、服務機構和政府部門甚至國際組織（如世界盲人聯會），這些組織在改善視障人士生活方面扮演著不可或缺的角色，而這次你們既是協進會大使，令人認識香港，又是學習者，吸收人家的長處，最重要的更是交流者，就「分享願景和建設未來」交換彼此的看法。

十多年前，《世界是平的》這本書的出版轟動一時，身處印度的人能受僱於美國的公司，為歐洲的顧客

服務，作者認為世界將變得無疆界及一體化。可是，十多年來，國際衝突和宗教紛爭無日無之。科技畢竟是工具，尊重個別差異和欣賞別國文化，才能使世界變得更包容更多元。

在互相介紹時，我們會說出自己未來五年的目標，有的想從事翻譯、輔導、法律等工作，有的希望好好完成學業，更有的立志與志同道合的人結盟，總之大家都期望開創一個更美好的將來。我深信人生猶如長征，有人像不斷朝向陽光的向日葵，有人像不斷乘風破浪的航海家，有人像不斷攀登險峰的冒險家。今次高峰會將給予你們一些新知識、新體會和新動力，擦亮你們的羽翼，有助大家建立自我、追求無我。

多謝大家！

拓展生存空間

（本文為筆者於二○一五年十二月五日於九龍城書節講座上的講話內容。）

各位朋友：

　　首先感謝你們出席這個講座，讓我們幾位失明講者有機會說出自己的心聲。來到書展現場，你們大概是愛書之人，當然不一定愛說話。我不善辭令，但不得不說的時候，我會義無反顧。孟子說過「予豈好辯哉？」，但在真理得不到彰顯的時候，他不能不大聲疾呼。同樣，我們的存在被漠視的時候，我們有必要發聲，因為「為我們的權利發聲，為我們的前途出力」是我們的使命。

　　今年最受歡迎的表情符號大家都知道是「笑到

喊」，明年的潮語不知是哪個，但五十年前我們感受到別人給我們的「無聲的慣用語」是「當你們透明」和「盲人勿近」。當時有一套武俠電影，片名是《我來也》，男主角每到一處地方，必定大呼「我來也」，我們就仿效他的做法，「憑發聲表達訴求，以行動闖出新路。」以下我會說出三個例子：

第一個例子是關於聖誕禮物的。聖誕禮物會令每個孩子都雀躍。小時候，我在心光學校唸書，學校每年都會給每個學生一份聖誕禮物；小二至中三，我曾收到的聖誕禮物包括玩具、手錶、皮鞋、外套、錄音帶等。其實，中三那年，我最希望得到的聖誕禮物是到普通中學升學，因為心光沒有設立高中。當時，香港失明人協進會的大哥哥就帶著一個又一個想升學的視障少年，到不同的學校，向不同的校長請求給我們升學機會，其中包括聖方濟書院前校長 Brother Bosco（最近他安息主懷，追思會上就有數十名視障舊生出席。）假若幸運地被錄取，我們還要爭氣，為自己的前途打拼，坐在我身旁的講者石建莊就是一個很好的榜樣。一九七六年，首次有由協進會保送的一個失明學生考進香港大學，之後很多視障人士都可以通過教育改寫命運，進軍各行各業。

第二個例子與豐盛的筵席有關。心光是一所寄宿學

校，提供三餐一宿。上世紀七十年代初，香港還沒有長遠的復康政策，心光的膳食也沒有穩定的水平，間中會有富裕的印度人請心光學生吃一頓豐富的晚餐，由於當年物質困乏，吃起來覺得特別美味，並感受到一點燭光的暖意。然而，我們最終希望找一份工作，不但自己糊口，還能養活家人。上世紀八十年代中，個人電腦剛剛起步，盲人的輔助儀器不多，渴求工作促使協進會現任會長莊陳有帶著一部美國製造的摸讀機（Optacon），成功說服香港電話公司聘用了多名會員擔任 108 電話查詢工作。所以，我們除了游說僱主，還要善用科技來增強工作能力，藉以增加我們的受聘機會和工種。稍後，我們另一位講者傅詩威會介紹一些豐富我們生活的科技產品。

第三個例子是關於送暖行動的。除了蛇齋餅糭，我記得三十年前曾有善心人送棉被給我們的會員。今天正值氣溫急降，你們可以想像到溫暖的可貴。其實，溫暖人間的不單是棉被，還包括一個能令所有人共享的社區，互相接納，守望相助。今年十二月，在平等機會委員會資助下，我們將會印發一本《社區生活小冊子》，告訴大家與視障人士共享社區設施的小提示，方便我們獨立生活和融入社區。地鐵通車初期，不歡迎殘疾人士

使用，情況就如早前一名因攜帶古箏而被拒乘坐地鐵的女學生一樣，儘管如此，最後一位講者周永耀就曾以身作則地告訴地鐵職員，視障人士是既有權利也有能力乘坐地鐵，即使當年還沒有月台幕門。

縱使我還有許多例子想與你們分享，然而時間有限。簡言之，所有例子的共同訊息就是：「Give a man a fish and you feed him for a day; teach a man to fish and you feed him for lifetime.」中文是「授人以魚，三餐之需；授人以漁，終生之用。」朋友們，我們感受到許多有心人給我們一點燭光的溫暖，然而我們更加渴求往燭光照耀不到的地方走走看看，拓展自己的生存空間，享受造物主給所有人的旭日、月亮和星光！

落實《殘疾人權利公約》的三根支柱

（本文為筆者在二〇一二年六月十八日立法會政制事務委員
會會議席上的致詞全文。）

主席、各位議員、各位官員、各位朋友：

　　我是香港復康聯盟的徐啟明，今天我想跟大家談談
落實《公約》的三根支柱。這三根支柱就是：一、仁愛
的政府；二、公平到位的法規制度；及三、社會共享的
環境。

　　可惜，香港現時這三根支柱的情況，第一根是空心
的，第二根是傾斜的，第三根是短樁的。

　　先講仁愛的政府。過去十五年，政府把「急市民所
急」掛在口邊。十五年即將過去，歷史證明這只是公關
伎倆、應變手法，政府所謂的「市民」是有選擇性的。

中國傳統政治提倡「樂以天下，憂以天下」，與基督教提倡的「與哀哭的人同哀哭，與喜樂的人同喜樂」，有異曲同工之妙，亦只有這樣，才能產生仁愛的政府。三、四十年前，政府聘用了大批失明電話接線生。由於通訊科技進步，電話無需接線，於是政府添置了點字顯示器和電腦，把他們調往 1823 熱線繼續服務市民。可是，隨著他們陸續退休，政府再沒有昔日的仁愛精神，只管任由這些設備荒廢！其實，這條熱線可繼續聘請更多的視障人士。

說完空心的支柱，讓我們看看傾斜的支柱。公共政策應該是公平而到位的，但現實則不然。由於政府的法規制度不一定是以民為本的，有些政策便如比薩斜塔般傾斜。例如政府曾因偏聽東涌居民的反對聲音而使一間特殊學校的落成一拖再拖。

最後談到短樁，我要氣憤了！因為協調殘疾人士事務的勞工及福利局康復組層次不高，它猶如短樁的支柱，未能發揮統籌的作用，令殘疾人士無法平等地、全面地與其他社會成員一樣共享公共設施和服務。兩年前，平等機會委員會就公共建築物的無障礙設施發表正式調查報告，政府心知問題所在，便隨即成立一個由政務司司長辦公室統領的工作小組，成效之迅速，史無前

例。我們深信殘疾人士的一切事務都應該用這個機制處理，而且須由殘疾人士監察。

其實，殘疾人士願意等待《公約》的三根支柱能有力地、不偏不倚地在香港豎立起來，支撐共融社會的發展，但絕不是無了期的拖延。我們渴望見到一個仁愛的政府、公平到位的法規制度以及一個社會共享的環境，使七百多萬香港人體現天賦人權和公民權利。

多謝主席！

傳遞五餅二魚，共享天賦人權

（本文為筆者於二〇一四年九月二十七日在十八區「聯合國《殘疾人權利公約》」培訓工作坊上的演詞。）

各位來自全港十八區的朋友們：

你們好！

首先，非常感謝你們犧牲可以吃喝玩樂的周末下午，出席由香港復康聯會舉辦的「聯合國《殘疾人權利公約》」培訓工作坊。要打造一個互相尊重、接納個別差異、互補不足、人盡其才的社會，實在需要更多像你們這樣有心有力的社區人士，把「平等齊參與，展能創新天」的訊息傳到香港每一個社區。根據「六度空間」（Six degrees of separation）理論，來自十八區的你們，只要經過六重互相連繫的人際網絡，便可將尊重人類固

有尊嚴和基本權利的精神傳遍五大洋、七大洲。

所謂人類的「固有尊嚴」和「基本權利」，就是中國人所說的「四海之內皆兄弟也」，佛家所提倡的「眾生平等」。在這種情懷下，人會守望相助，互相尊重。然而，歷史和現實告訴我們，這不一定順理成章地在世間出現。一方面，正如《動物農莊》作者奧威爾所說，有些人更平等，更平等的人有時會踐踏或漠視弱者的尊嚴和權利，造成殘疾歧視；另一方面，亦如法國思想家盧梭所說，「人類生而平等且自由，但他們到處被鎖鏈捆綁。」要解除和掙脫這些鎖鏈，我們要發揚人類手足之情（Fraternity），使所有人共享與生俱來的尊嚴和基本權利。就保障、確保及促進殘疾人士的權利而言，聯合國《殘疾人權利公約》是一本完備的行動綱領，羅列了政府的工作以及我們可令社會更包容和更友善的每一小步。

經過不同講者的生動介紹，相信大家對《公約》的五十項條文及八大原則都有基本認識了，所以我打算以社區的重要組成部份，包括家庭、鄰舍、社區組織以及公共和商業場所，並結合我和一些視障人士的經驗，提出大家可以邁出使社會更包容和更友善的一小步。

家庭是社區重要的組成部份，也是兒童成長的搖籃。許久以前，有些失明嬰孩沒有經過家庭的培育就被

父母遺棄，即使沒有被遺棄，有些視障兒童的自尊感亦難建立。我認識一位視障朋友，在他的童年時代，每逢農曆新年，他就被迫躲在一間村屋的閣樓上，因為他的父母免得來拜年的親友見到這位失明的小孩，這使他從小就感受到失明使他卑微。相反地，我認識一位心光學校的學弟，他現正就讀大學二年級，媽媽在他三歲時背著他到處尋求適切的服務，而且這位母親還一視同仁地對待他和他健視的妹妹，不偏愛也不放棄。這種從家庭開始的「有教無類」和「一視同仁」的精神將會為未來社會播下人盡其才及公平合理的種子。

中國人有一句至理名言，就是「遠親不如近鄰」。《聖經・路加福音》更教導我們愛鄰舍如同愛自己。記得小時候，我有時會被鄰家的小孩子稱呼為「盲仔」，這兩個字本來算不得甚麼，然而，除了字面意思，配合他們的語調和場景，這兩個字還隱藏著嘲弄、欺凌和侮辱！今天，這個情況鮮有出現了，而且許多父母會主動叫他們的孩子幫助我。我和鄰居的關係算不錯，有說有笑，也有交流。我認識一位視障朋友，他不但鄰舍關係好，還當過業主立案法團副主席。這種守望相助的關係是一個和諧社區必不可少的元素。大家不妨以一個微笑代替奇異的目光，以一聲「早安」代替沉默。如果鄰舍

能夠守望相助，多些互動，多些交流，身處的社區便會漸漸洋溢出人情味。

除了業主立案法團，社區組織還包括學校、教會、青年中心等，視障人士若能按照自己的意願，全面參與這些組織，便可享有多姿多彩的生活。從前，這些社區組織有時會築起高牆，不讓視障人士參與。記得上世紀七十年代，視障人士沒有平等教育機會，更談不上有適切的支援，我們要鍥而不捨地尋找學校，也要筋疲力盡地抄寫點字書本。今時今日，許多視障人士就讀於不同學校，並得到適切的學習支援。然而，間中亦聽到有些學校拒絕視障學生修讀一些科目，例如語音學（Phonetics），他們把焦點放在「想像的困難」（心中以為如此而產生的困難）上，卻忽略了可行的解決方法。在座諸位，期望你們回到所屬社區組織，告訴有關負責人，不要卻步於「想像的困難」前面，許多視障人士自助及服務組織樂意向你們提供可能亦可行的解決方法，讓視障人士全面參與社區。的而且確，蘋果手機是一個突破「想像的困難」的好例子，它採用了通用設計 (Universal design)，令視障人士也可無障礙地使用。我有很多視障朋友每天，應該說每時每刻都把玩著 iPhone，豐富他們的生活。

一個令人嚮往的社區應該提供友善的服務和設施，不論是公共的或是商業的場所。在這方面，政府實施了《設計手冊：暢通無阻的通道2008》，盡力提供一個無障礙環境。可是，不少店舖及場所沒有作出合理遷就（Reasonable accommodation），例如一級樓梯令輪椅使用者不便，銀行僵化的服務態度令視障顧客氣憤，視障人士要靠朋友或工作人員讀出餐牌等等，希望這些情況將會大大改善。在座諸位，當你們回到所屬社區的大小食肆時，請告訴食肆老闆們香港失明人協進會願意協助他們向視障顧客提供點字及電子餐牌，而且要讓他們知道，合理的遷就會帶來更多商機和利潤。

各位朋友，你們當中有些人將會參加聯合國《殘疾人權利公約》問答比賽，我希望你們在問答比賽中或是在所屬社區宣揚《公約》時能有超卓的表現。讓我羅列以下《公約》條文，你們可不時咀嚼和細味：

生命權（第十條）

身心受到完整的保障、尊重（第十七條）

參與政治和公共生活（第二十九條）

無障礙（第九條）

獨立生活和融入社區（第十九條）

表達意見的自由和獲得資訊的機會（第二十一條）

尊重家居和家庭（第二十三條）

教育（第二十四條）

工作和就業（第二十七條）

參與文化生活、娛樂、休閒和體育活動（第三十條）

　　你們會用以上條文的數字買六合彩嗎？無可否認，六合彩是一種把一小部份社會資源公平但不平等分配的遊戲，能中巨額彩金的幸運兒只有寥寥少數。要每一個人（包括視障人士）變得更富足，要社會變得更美好、更包容，讓我們齊心努力把《公約》的精神傳遍普天下，並讓一視同仁、守望相助、面向機會以及合理遷就的理念融入我們生活每一環節之中。本來我今天的講題是「誰搬走了視障人士的固有尊嚴和基本權利」，但經過反覆思量，我認為努力面前勝過回望過去，因此今天的講題改為「傳遞五餅二魚，共享天賦人權」。

　　來自十八區的朋友們，我深信人類的固有尊嚴和基本權利可以像《聖經》記述的「五餅二魚」一樣，憑藉信心，通過大家的努力，加上人類手足之情、視障人士自強不息、政府到位的政策以及善用惠及人類的科技，

每個人都可以過著有尊嚴、可以發揮所長的生活。

多謝大家！

香港殘疾人權利運動從哪裏來？往何處去？

（本文為筆者於二〇〇九年五月二十日向七名到訪香港復康聯盟的中國內地法律學者的講話）

各位來自中國內地的法律專家、在座各位朋友：

您們好！

今天您們到訪本會，令我重新思考一個大問題，就是香港殘疾人權利運動應該及可以往何處去。為甚麼這是個大問題呢？因為它關乎起碼三成人口的福祉，關乎殘疾人及其家人能否合理地及更好地生活下去的問題。根據殘疾普遍率，殘疾人佔人口總數十份之一，而他們的家人又起碼佔五份之一。當然，殘疾人的殘疾類別和殘疾程度各有不同，但他們所需要的重視和應該享有的

權利是相同的。要確保殘疾人享有天賦人權，我們必須建立一個助弱成才、各展所長、各取所需、求同存異、互補不足的共融社會。要建立這個並非遙不可及的社會，我們要宣揚以普世價值為本的社會觀念，我們又要發動群策群力的社會行動，為這個理想社會注入內涵和形態，我們更要建立相應的社會制度（包括法律和執行單位），以便全方位地、暢通無阻地提供所需的工具、設施和服務，使共融社會得以穩固並進一步發展下去。

從「廢疾者皆有所養」說起（公元前五百年）

香港在一八四二年成為中西貿易的商埠之前，無論在香港島的漁村或是在新界的圍村，基本上是與傳統中國社會血脈相連的。

根據中國傳統社會觀念，「廢疾者皆有所養」是傳統中國社會對殘疾人的道德取向，而供養殘疾人的責任就落在家人和族人身上。倘若家庭經濟出現問題，生活困苦，父母或會遺棄殘疾子女，任由後者自生自滅。即使是倖存的或再有人照顧的殘疾人，都普遍生活在沒有尊嚴的境況下。

以慈善為本的教會工作（一八六〇年至一九四九年）

香港到了十九世紀後期，外國傳教士設立寄宿學校，收容失明女孩，特別是被遺棄的失明女嬰。這些女生在畢業後大多數留在學校附設的工場和宿舍，直至終老。

福利時代（一九五〇年至一九七六年）

大體來說，上述情況一直維持至上世紀五十年代。由那時起，政府的教育、福利和醫療部門開始有系統地向殘疾人提供基本服務，而復康服務團體亦相繼成立，如香港盲人輔導會（一九五六年）和香港復康會（一九五九年）。一九六〇年，教育司署（現稱教育局）設立特殊教育組，開始有系統地提供特殊教育服務。上世紀七十年代初，政府設立社會保障制度，開始向嚴重殘障的人士每月發放傷殘津貼，以補助他們因社會設施不足而需額外負擔的開支。

復康時代（一九七七年至一九九五年）

一九七七年，香港政府發表第一份康復白皮書，題

為《群策群力 · 協助弱能人士更生》，並設立康復發展協調委員會（現稱康復諮詢委員會），以協調不同政府部門的工作及收集民間團體和個別人士的意見。在這個時代，不同的殘疾人及其照顧者紛紛成立自助團體，香港復康聯盟也在此時誕生，目標是聯合各類殘疾人以及支持者，共同爭取殘疾人享有平等機會和全面參與社會。

權利時代（一九九五年至 ──）

鑑於殘疾人受歧視的情況未有顯著改善，立法局（現稱立法會）於一九九五年通過《殘疾歧視條例》，過程中感謝胡紅玉大律師出錢出力！翌年，政府成立平等機會委員會，主要推行宣傳工作，並擔任調解者的角色，在迫不得已的時候才把受歧視案件訴諸法律行動。該會制定了《僱傭實務守則》和《教育實務守則》，以促進殘疾人的就業和教育機會。

結語：當前需要思考的方向

從沒有權利觀念的傳統社會到高唱平等、尊嚴、天賦權利等普世價值的現代社會，我們取得不少經驗和動

力，並深明共融社會是應該邁向的目標。二〇〇八年，中國正式批准聯合國《殘疾人權利公約》。這條《公約》亦同樣在香港和澳門執行。《公約》的目的是要促進和保護殘疾人權利和尊嚴。為了進一步促進殘疾人的福祉和權益，我們必須「促使殘疾人在生活各方面充分獲得應有的地位、權利及機會」，其落實則應從提供有利環境、增強殘疾人能力和公眾教育三大策略著手。這三大策略無一不與政府的立法、措施與服務有關，唯有將殘疾觀點融入整體社會、主流文化和政府施政，否則無法真正實踐社會平等及促進殘疾人權益。以下是四個值得思考的問題：

一、我們怎樣宣傳殘疾人權利的觀點，使之成為主流社會的價值觀？

二、我們怎樣把有利殘疾人生活和發展的社會行為（如僱主聘用殘疾人）深化及擴展至社會各個領域？

三、我們應該怎樣完善現有法律和執行機制，令社會邁向共融？

四、我們怎樣提供、研究及發展利便殘疾人使用的工具、設施和服務呢？

以上問題有待大家深入探討並提出切實可行的方案。我只是拋磚引玉而已！

《亡目無礙》的體現

（本文為筆者與石建莊於二〇一五年九月二十四日，在法定語文主任協會讀書會第十八次聚會上的部份分享內容。）

各位朋友：

今天我和 Jess 很高興跟大家介紹一本紀念香港失明人協進會成立五十周年的新書，我們會從不同角度分享這本書的特色和製作過程中的趣事，首先由我介紹書的布局。

《亡目無礙：香港首個殘疾人自助團體的 50 年記》是本書的名稱。這包含了一群高喊「平等」、「獨立」、「機會」的視障人士，一段從自我覺醒到尋求突破的歷程，以及體驗視力受損也無礙個人自我實現和追求更美好的人生。

全書共分六章，首兩章先談失明的本質和克服視障的力量，第三至第五章帶出香港失明人協進會的理念和成立後五十年的足印，最後一章介紹留下這些足印的先行者和追隨者，包括同路人、同行者及支持者，他們發揮自強的精神，互補不足，改變自己，也改變整個視障社群。

這些同路人、同行者和支持者體現了香港視障人士從自我覺醒到尋求突破的過程。以下我會闡釋這過程中的三個重要元素：

第一個重要元素是自我覺醒。佛陀說每個人都可以成佛，超越自我，但必須成為覺者。根據《聖經》記載，人類自從在伊甸園失落後，曾寄望於摩西的帶領、彌賽亞的到來和基督的救贖。同樣，人一旦失去視力，很多時候只好聽天由命，坐以待斃，等候福利和復康服務的安排。香港一群視障人士五十年前醒覺到團結就有超越限制的力量，那年是一九六四年，中國試爆第一枚核子彈，美國黑人展開民權運動，而香港的視障人士也啟動了一場改變自身處境的社會運動。

第二個關鍵元素是擴闊視野，所謂「高度決定視野，視野決定進程」。處於弱勢的人，若能一窺周遭環境的全貌，便可看清由你我他組成的世界，由前人、當

代人和後來者構成的歷史洪流。一九七四年，因能源危機而實施燈火管制，那年亦是消費者委員會成立的一年。兩位協進會前輩，周炎恆和李波比，不甘純粹作為服務接受者而遠赴德國柏林，他們親身感受到國際人權運動的洪流將會引領人類建立一個百花齊放的共融社會，於是他們回港後就把「平等」、「獨立」、「機會」作為建構協進會的未來路向。

第三個關鍵元素是以社會行動回應自身渴求（如爭取足夠的點字教科書和發聲交通燈等）、配合時代潮流（如資訊科技、政策倡議、國際合作等）和豎立里程碑。這些行動不但擴闊視障人士的生存空間，而且使香港社會邁向各展所長的大未來。詳情可參閱第三至第六章。

最後，我以一個寓言故事和一個希臘神話作結。

話說蝦本來是沒有眼睛的，便向蚯蚓借來一用，但蝦去如黃鶴，一借不還，蚯蚓沒有因失去眼睛而在地球上消失，而且繼續在自然界中作出貢獻；同樣地，即使人視力受損，也可發揮所長，為社會作出貢獻。

話說西西弗斯是希臘神話中一位被懲罰的人。他受罰的方式是必須將一塊巨石推上山頂，而每次到達山頂後巨石又滾回山下，如此永無止境地重複下去，這是永

無盡頭而又徒勞無功的任務。在我來說，這塊石代表著生命中可以承受的重，這重量可以是歧視，可以是偏見，可以是拒絕，更可以是逆境的任何元素。事實上，過去協進會五十年來的工作看似西西弗斯的經歷，但仔細回想，又不難看見全憑鍥而不捨的精神，才令我們站起來，並貢獻社會。人生所處的不利狀況，不是主宰命運的關鍵因素。熱愛生命，積極進取，都能賦予前進的意義和動力。切勿被想像中的困難捆綁，讓理想勾劃人生，讓信念燃點希望，讓人生充滿意義。

　　以上就是《亡目無礙》給大家的訊息。多謝大家！

校董的聲音

（本文為筆者於二〇一四年七月十三日在心光學校校友會周年會員大會上，當選為首任校友校董的講話。）

各位校友：

這是歷史的時刻，因為我們的聲音首次進入校董會，並與其他持份者的聲音互相配合，為我們的學弟學妹打造一個更美好的學習環境。

一百一十七年來，心光學校的管理經歷幾番變動，最初是沒有管理委員會的，只是依照一些天主教和基督教差會的做法，遵從監督者或管理者的個人指令，不會向外公布詳細的文件；在我入讀的時候，心光已經根據《教育條例》接受政府資助，並成立校董會推行校政；

殘疾無常　一位視障者對生命的感悟

時至今日更成立法團校董會，聽取不同持份者的聲音。

「一句話說得合宜，就如金蘋果在銀網子裏。」（《聖經・箴言》二十五章十一節）這是說話的最高境界，不是我絕對可以做到的。儘管如此，不善詞令的我，會聽取大家的意見，也會從以往認識的校董中，特別是從他們的聲音中學習當校董的必要條件，以發揮校友校董的功能。

記憶中，我聽過一位校董的聲音，他是一位醫生。他每年會到學校一次，目的是檢查我們百多位學生的心肺功能和身高體重。他會逐一叫我們張開嘴巴發出「呀」的一聲，接著看一看宿舍保母為我們量度的身高和體重紀錄。每次周年體檢後，我們小孩子總是互相說出這位醫生為我們檢查身體所需的秒數，諷刺他快如閃電的手法。然而多年過去後，我回想這事時卻看到這位醫生無私的奉獻，從他的聲音我知道甚麼是「不求回報的付出」。

除了這位醫生，歷屆院長也是校董會成員，他們的聲音都帶給我不同的回憶，這些回憶也令我學會當校董的寶貴特質。

我初入讀心光時的院長是一位德國人，我們稱呼他施院長。他用我們聽得懂的廣東話與我們說話，彼此

之間很容易打成一片。他離開心光後，曾任國際視障人士教育協會（International Council for Education of People with Visual Impairment）會長。很記得施院長有一次親自駕車帶我和幾位同學到上水騎馬，之後又帶我們在外用膳。我每逢憶起這件往事，彷彿鼻子嗅到馬匹的氣味和平生第一次品嚐的肉絲炒麵。他的聲音教曉我「走入群眾」的重要性。

接替施院長的是馬院長。馬院長是位英國人，他不肯說廣東話，縱使他曾學過。我們的英語不好，又沒有翻譯在旁，實在很難與他溝通。我在學期間，曾目睹兩次學生對他不滿的事件。第一次發生於一九七一年，那時我就讀小六，當時校方想推行工業教育，以配合香港的工業發展，由於工藝室還未落成，高我一級的學兄學姐被迫多讀一年小六，美其名稱為小六進修班。可幸這個工業教育計劃沒有阻礙融合教育的推行，否則我現在是一個失業工人了！第二次學生的不滿是由差勁的飯菜引起的，我記得那時一星期有三餐吃蒸水蛋，有一餐吃雞皮炒青瓜，我覺得當時最好的餸菜是香腸和荷包蛋了。為了這件事，同學們張貼大字報，讓學校對面大廈的居民也看到。為此，我有兩位同班同學因尋釁滋事的罪名而離開心光，要另覓學校升學。經此一役，校方容

許成立學生會和合作社，還容許我們建議菜單。每逢記起馬院長的利物浦口音，我就領悟到「糾正錯誤的魄力」。

接替馬院長的是梁院長。提起梁院長，我一定記得由他積極促成的兩件事，一是點字字典管理程式，一是心光學校校友會的成立。惦記他之餘，我還領悟到「配合實際需要的創新精神」。

回到今天，我相信現任院長和其他校董們都會傾聽我們的聲音，我也會跟他們攜手努力唱出《明天會更好》，而音符和歌詞都是由「不求回報的付出」、「走入群眾」、「糾正錯誤的魄力」加上「配合實際需要的創新精神」所譜成的。

在此，感謝大家讓我在未來兩年作為校友會與校董會的橋樑，協助校董會制定有利在校及外讀學生的政策，並與其他持份者一起監察學校運作。要做好校友校董這角色，我需要有你們的聲音，請你們經常給我提點。

多謝大家！

聲音的力量

（本文為筆者於二〇一五年七月十二日在心光學校校友會周年會員大會上的會報。）

各位嘉賓、各位校友、各位義工、各位朋友：

上年我以「校董的聲音」為題發表當選感受，今年我會以「聲音的力量」為主線作出會報。

大家都知道，人的聲音可以是說話，幫助溝通；可以是歌聲，動人心弦；可以是掌聲，給人鼓勵。

若論最有威力的聲音，必定來自上帝，上帝說有光便有光。心光學校的誕生也是來自上帝的聲音。一八九〇年，創辦心光的德國信義宗喜迪堪會（Hildesheimer Blindenmission）成立，該會一名德國女傳教士把禮賢會的王煜初牧師的呼喚聲牢記於心，繼而展開幫助香

港失明女童的行動。今年六月，心光學校一支學生合唱團，遠赴德國獻唱，慶祝喜迪堪會成立一百二十五周年。

要將聲音轉化成有力的話語，需要有見地、有技巧、有智慧。為此，作為法團校董會的新成員，我修讀了五節共十五小時的校董課程，使我對校董會的職能和校董的工作有基本認識。我明白到裝備好自己，會更有助我與不同持份者齊心努力，互相協調，取得共識。

在過去一年，校董會舉行了三次會議，就不同校務作出決策和規劃，各成員都盡心盡力作出貢獻，院長和校長有條不紊地提供協助和推行校務，大家猶如一隊悉力以赴的銀樂隊，奏出極有氣勢的進行曲。

此外，我亦曾參與學校不同活動，腦海裏留下各種難忘的聲音，包括：電影《爭氣》首映禮裏學弟學妹們力爭上游的歌聲；參觀學校時重遇數十年沒見面的工藝科張老師，他一見我到訪便詳細地介紹學生的手工藝製成品；出席周年員工聚餐時資深校董們風趣幽默的致詞，例如巴烈圖先生、施米高先生、鄧敬仁教授和麥基恩醫生；與教育局外評人員交流的談話聲；出席結業禮時一位小六學妹十分流利的英語謝詞，她的聲音充滿自信和能力，她未來的路將是光明璀璨！

鄉音無改鬢毛衰，自己的聲音漸低漸緩，鬢毛已衰，然而，對於校友校董的角色以及心光學校的發展總是抱有一些心願，我在勞動節那天將之化為文字，給法團校董會成員傳閱。千里之行，始於足下，表達心聲是第一步，前面的路漫長，每一步都像玩二人三足，在限制下前進，步伐需要一致。

　　不久前，我代表香港失明人協進會出席一個手杖捐贈儀式，有關手杖能使視障人士知道前面和半空有障礙物，還能告知八個方位。促成這種手杖的生產，原來是有賴楊醫生的努力，他就是我去年提及的其中一把「校董的聲音」。楊醫生希望藉著這種手杖令視障人士既可行動自主，又可安心出行。作為校友校董，我亦希望學弟學妹們能有精良的裝備發展潛能，日後在社會中發揮所長，尋求突破，唱出天籟，創造傳奇。我期待日後聽到師弟師妹們更多成功的故事。

　　多謝大家！

薪火相傳

（本文為筆者於二〇一六年七月十七日在心光學校校友會周年大會上的講話內容。）

院長、校長、陳太、各位執委、各位會員：

「神創心光愛無限，蒙恩衝破諸困患」是我三十多年前為心光學校學生會會歌創作的歌詞，不經不覺心光踏入了第一百二十個年頭，在這悠長的歲月裏，許多心光校友因心光而蒙恩，衝破視障的限制，能夠獨立地、無畏地走自己人生的路。

我非常感謝校友們的支持和信任，使我在兩年前順利當選為首任校友校董。今年我不打算參選，原因是我高興見到有年青的校友願意接棒成為下任校友校董，我這個負責第一棒的跑手已完成了歷史任務，是時候實踐

薪火相傳；同時，退下來可讓我有更多時間整理心光的歷史資料，我對於探討德國傳教士的仁愛精神和心光畢業生的人生態度尤其感興趣，希望日後將箇中的所見所聞、所感所悟與大家分享。現在就讓我交代這個任務引發我對心光精神的思考，供接棒人參考。

在過去兩年，作為心光學校法團校董會校友校董，我不敢說成功爭取到甚麼，我只做了一隻蝴蝶可以做而且應該做的工作，就是拍拍翅膀、飛舞花葉之間，觀賞心光這棵大樹不斷開花結果。有沒有蝴蝶效應，我不知道，但可以肯定的是，蜜蜂、麻雀和大自然的一切都在互相效力，如同不同的持份者都各自堅守崗位，一起為心光的下一代努力付出。

在履行校董工作方面，我一直秉持三種態度：

第一是責任感，每次開會前我必會細閱文件，討論時遇上不明白的地方必會提問，亦會提出我的看法。

第二是合作精神，與不同持份者群策群力，分擔校務，例如與教育局外評人員會面，執行任何我勝任的工作。

第三是了解全局，包括學校運作，認識不同的教職員和持份者，並聯繫視障社群，作為心光與外間的橋樑，例如安排外間組織為同學舉辦象棋活動等，這都是

我樂意承擔的工作。

　　至於在我擔任校董期間所領悟到的心光精神，包括了六種應有的人生態度，它們與主禱文的教導非常脗合，我盼望能將之傳承下去。

　　第一是謙卑：「我們在天上的父，願人都尊祢的名為聖。」

　　剛入讀心光，就聽到一位宿舍保母讚賞我的聲音，之後十數年老師的讚美聲不絕於耳，然而主禱文的首兩句叫我謙卑。

　　第二是仁愛：「願祢的國降臨，願祢的旨意行在地上，如同行在天上。」

　　德國傳教士的聲音使我體會到心光的建立和使命，就是人間天國和上帝旨意的體現。

　　第三是感恩：「我們日用的飲食，今日賜給我們。」

　　小時候管家陳太在謝飯祈禱前敲飯勺的聲音，使我領略到心光英文名稱 EBENEZER 中的四個 E，也許代表 Eating、Empowerment、Enrichment 和 Enabling，有了今天的飲食和裝備，就不必為明天憂慮了。

　　第四是寬恕：「免我們的債，如同我們免了人的債。」

　　同學之間欺凌的聲音以及部份老師踐踏學生尊嚴的

責罵聲，使我想起這兩句所傳遞的寬恕精神。

第五是不要偏離正道：「不叫我們遇見試探，救我們脫離兇惡。」

提醒我們假如碰到試探，必須三思而後行，堅守原則，不要被禁果拽進深淵。

第六是持守信、望、愛：「因為國度、權柄、榮耀，全是祢的，直到永遠。」

既然國度、權柄、榮耀全是造物主的，所以在我們的生命中需要有信心、有盼望、有愛心，我認為信、望、愛是心光精神的三根支柱，又是抵禦困難的盾牌。

二〇一六年是心光踏入第一百二十個年頭，也是全球許多國家經歷人事交替的一年，我們將面對更多不可知的挑戰。我誠心祝願何家樑校友接替校董的工作後，比我做得更好。

多謝大家！

心光的三個關鍵十年

（本文為筆者於二〇一七年四月二十八日在心光學校
一百二十周年紀念研討會上的講話內容。）

各位朋友：

今天很高興能與大家一起，在慶祝心光學校成立
一百二十周年紀念的氣氛下，回望從前，思想當下，展
望未來。以下時間，我會細訴心光學校一百二十年裏的
三個關鍵十年。這三個十年不但影響深遠，而且呈現了
三種推動人類近代文明的理念。

博愛精神

第一個關鍵十年是在十九世紀最後十年。某天早

上，香港西營盤高街傳來嬰兒哭聲，這是德國巴陵教會（Berlin Mission）（後稱信義會）的育嬰堂門前，負責人谷柏姑娘（Sister Luise Cooper）發現一個被布包裹著的失明女嬰，這個情況連續出現三次。由於育嬰堂沒有老師懂得視障教育，這三名失明孤女後來被送到廣州明心學校，這是一所由美國傳教士開辦的盲人學校。

一八九〇年某日中午，谷柏姑娘快要離開香港返回德國，禮賢會的王煜初牧師游說谷姑娘在香港開辦盲女學校。王牧師把中國重男輕女的傳統和盲女被遺棄的苦況告訴谷姑娘，她受到感動，決意要幫助這些孤苦的失明女孩。

一八九一年，谷姑娘回德國後，便與一群教友成立德國信義宗喜迪堪會，籌劃在香港開辦盲女學校。他們聚集祈禱，舉辦賣物會籌募經費。

一八九五年年底，喜迪堪會差派第一位宣教士馬雅布斯女士（Miss Martha Postler）到香港。馬姑娘學習廣東話後，於一八九七年十月中旬前往廣州明心學校，她從明心學校收養了五位失明女童，亦同時請來該校一位失明老師吳蓮壽。她們到港後在西營盤購置了一幢殘破的房子，開辦「就光學校」（Come to the Light School），直至一九一三年易名為「心光學校」

（Ebenezer School），校名取自《聖經・約翰福音》八章十二節，意思是耶穌是世界之光，跟從祂的就不在黑暗裏走，並得祂生命之光。

德國信義宗喜迪堪會是心光的創辦團體，他們發揚博愛精神，將之化為力量，跨越種族和地域的限制，幫助香港的視障兒童接受教育，改寫他們的命運。

平等機會

心光的第二個關鍵十年是在二十世紀五十年代，當時香港政府開始規劃各項社會服務。一九五三年，政府在社會服務諮詢委員會轄下成立盲人事務小組委員會，研究全港盲人的情況，該小組委員到訪心光，了解視障兒童教育，其後建議政府向心光提供財政資助。從那時起，政府承擔向視障人士提供教育的責任，而視障男童也可入讀心光，香港的視障人士開始得到平等教育機會。

一九五三年，該小組委員馬不停蹄又到訪嘉諾撒啟明學校。他們得悉該校缺乏點字課本，又沒有點字打字機，而當時心光有點字打字機和點字複印機，對嘉諾撒啟明學校非常有用。小組委員這次參觀的一項成果是令

兩所失明學校加強合作，兩校負責人會互相拜訪和互相借鑑。

同年，該小組委員到訪北角難民營，他們了解過營舍內十五個失明少年的需要後，轉介了數名營友入讀心光學校，他們成為了心光首批不留宿的走讀生。

從那時起，政府成為心光的同行夥伴，而心光也成為教育體制內不可缺少的一員。老子認為「上善若水」，至善的東西像水一樣，能夠潤澤眾生。上善若水的教育政策，效果無處不在，像上述革新政策，能讓所有視障學生享有平等教育機會。

自我實現

第三個關鍵十年是在上世紀七十年代，主角是一群努力尋求升學機會的視障學生。一天晚上，心光院長馬傑夫先生在晚禱完結前向我們宣佈一個轟動一時的消息，數年前在心光畢業的馮漢源校友獲牛津大學物理學系取錄，成為牛津大學創校以來首位失明物理學學生。

七十年代初，心光開始保送成績超卓的視障學生入讀普通中學。一九七六年高考放榜，各大報章登載首次有兩名視障學生考入香港大學，他們是心光校友黎榮森

和蘇耀中。

一九八〇年六月，心光學校校友夏士雄經一番爭取下，獲得政府安排公務員入職考試，成為香港政府首名失明行政主任。

以往失明學生的就業出路不外乎是工廠工人、按摩師、鋼琴調音師、電話接線生等；隨著七十年代中陸續有失明學生入讀大學，他們的職業路向得以擴闊和提升，開始有失明人從事大學講師、政務主任、翻譯員、傳道人、社工、教師等工作。

在這個關鍵十年，香港的視障人士可以拓展自我價值，達到自我完善，發揮所長。

結語

「博愛精神」、「平等機會」、「自我實現」是二百年來人類追求的共同目標，也是心光在上述三個不同的關鍵十年逐一實現的理念。在未來的日子裏，我們應將這三個理念發揚光大，結合個人和社群力量，促進社會共享、社會共建以及社會共融。

多謝大家！

領悟心光精神

親愛的學弟、學妹：

　　你們好！

　　不經不覺，心光學校校友會的師友計劃推行了四年，我就是藉著這個計劃認識你們的。你們就讀於普通學校 (Ordinary schools)，分散於港九新界，靠著心光學校輔導教師（Resource teacher）的協助，克服因視障而引起的學習困難。心光的輔導教師為你們預備點字或放大字體的筆記和考試卷，不時與你們的班主任聯絡，並定時與你們討論在學校遇到的大小事情。

　　而我作為過來人，可以與你們談天說地，分享經驗，互相學習，畢竟我們來自一個以基督教精神孕育的大家庭。早期的心光，德國傳教士以她們的生命影響我們的師姐。十九世紀末及二十世紀初，大部份失明女孩

都被父母遺棄，任由她們自生自滅，那時的東華三院和保良局集中幫助窮人及健全的孤兒，只有意大利和德國傳教士察覺到失明孤女的需要，心光學校及已停辦的嘉諾撒啟明學校就是在這個環境下誕生的，而我們也在二十世紀及廿一世紀的不同時代受到心光精神的眷顧、啟發和推動。

失明和視障使我們走的人生路與別人不一樣。我與你們面對的障礙是類同的，作為畢業多年的先行者，我期望與你們分享我苦樂兼備的經驗。風華正茂的你們，充滿朝氣、活力、青春，時間在你們手上，機會在你們前面，生命的樂章剛剛奏起，我樂意為你們打氣！

四年以來，我們亦師亦友。事實上，從你們身上，我學會不斷求進，並且對心光精神有更深的體會。

記得推行師友計劃的第一年，我不大懂得做師友，只會打電話給你們，卻不懂如何交談，電郵的聯絡也不常有。到了第二年，由於我愛好閱讀，保存了不少好文章，便定期將之電郵跟你們分享，雖然我力量有限，但期望所揀選的文章會發揮刺激思維的作用。近兩年，累積了經驗，加上我們一同參與了校友會舉辦的活動，如郊遊、探訪年長校友，使我們保持更緊密的聯繫和交流。

不久之前，一位正就讀神學碩士的心光學妹致電給我，詢問我對心光精神的看法，以便她完成一份學期功課。雖然我不知道她最終對心光精神有何結論或個人的獨特看法，但這次交流卻引發我近日經常思考心光精神的含義。回想過去，我深受心光學校所傳揚的基督教訊息影響，總結這個訊息就是信、望、愛，另外香港失明人協進會提倡的平等、獨立、機會，以及法國大革命倡議的自由、平等、博愛，它們都影響著我對自己的要求、對別人的期望以及對理想社會的憧憬。我有兩首寫於青年時代的歌詞，正好反映這些以人為本的理念已牢牢紮根我心，成為我往後所追隨的信念和價值觀。以下是這兩首歌的歌詞：

《心光學生會會歌》（寫於一九七九年）

神創心光愛無限，

蒙恩衝破諸困患，

盲確非悲痛，盲又非不幸，

標杆要面對追盼。

愛、善、自由一一都要爭，

於今需培植鬥心，

齊進軍，走向現實世界中，

追盼生命的意義、憂困。

《衝破》（香港失明人協進會學生會會歌，寫於
一九八二年）

共對挑戰不懼怕，

熱愛生命多發熱，

合力對抗偽善和壓迫，

建設一真美善國。

為甚麼要築路障？

誓要跨越諸障礙，

踏步前行，千百萬同志，

趁著如今去吶喊。

為著人群，愛化為力量，

洪流滔滔破浪濤，

越過巔峰，波浪再來，

先鋒衝去！

　　親愛的師弟師妹，在人生的路上，或晴或雨，偉大
的精神使我們走得更堅穩、更有意義。讓心光精神的
信、望、愛，在我們迷失時指引我們的方向，在我們沮
喪時重燃我們的希望，在別人需要時給予鼓勵，既實現

自己的理想，也成就全人類共同的夢想。時間在你們年輕人手上，機會在你們前面，我相信你們可以做的一定會比我以往的多。祝
學業進步

啟明　上
二〇一三年五月三十一日

給立法會候選人的公開信

各位立法會候選人：

　　你們好！我們是一群殘疾人士及其同行者，我們懷抱同一理想，致力促進殘疾人士的天賦人權及其一切公民權利。我們一直致力締造一個共融社會，也就是一個充滿關懷、求同存異、百花齊放、齊建未來、共享太平的社會。

　　首先我們要向你們致敬，因為你們有志投身立法會的工作，服務香港市民。你們有心參與「眾人之事」，使香港的公共服務、法規制度和核心價值運作無間。許多時候，這種工作是吃力不討好的，特別是在不同的政治力量互不相容的時候。但願關於協助殘疾人士生活如常的訴求，你們會有共識。你們是否認識我們以及了解

我們的訴求呢？

殘疾人士無處不在

　　讓我先簡單介紹自己。我是一位失明人士，在我的命途上往往都是驟晴驟雨的，任憑我往甚麼地方，我的際遇總會添上或多或少的無情風雨。與我風雨同路的殘疾朋友，他們有不同類別和不同程度的身體缺損，有的看不清或看不見，有的聽不清或聽不見，有的四肢不靈或以輪椅代步，有的認知模式與眾不同或腦筋不夠靈巧，有的曾有腦部缺損或精神創傷，總之我們就是各有特色。其實，在某種意義上說，我的非殘疾朋友也是各有特色，有的高大威猛，有的嬌小玲瓏，有的樂善好施，有的麻木不仁。你們或許會認為我們殘疾人士的特色為我們帶來不幸，這種看法在某些情況下是對的，特別是在社會倒退或人吃人的時候。然而，我們的經驗告訴我們，只要有不離不棄的家人，只要有「見怪不怪」的街坊，只要有適切的服務，只要有利便的設施，只要有令所有人各展所長的公平環境，只要有明白我們的從政者，世界就不會像鬥獸場般任由人自生自滅，我們就會有追尋幸福的生存空間。

有意成為從政者的你們，要明白我們並不困難，因為根據世界衛生組織於二○一二年發表的《世界殘疾報告》，我們佔人口的百分之十五，你們的親友中可能也有我們的蹤影，而且人口老化也不斷增加我們大軍的人數。如果你們想接觸一下我們，你們可到所屬地方選區的特殊學校、老人院和殘疾人士組織參觀，你們又可探訪所屬功能界別的殘疾成員。可以說，凡有人的地方，就有殘疾人的蹤影。

我們的訴求

　　殘疾人士的需要是很基本的。首先，我們需要建基於眾生平等和互相尊重的社會接納。這種接納包括接受我們的特質，明白我們的特殊需要，並讓我們和而不同地在社會裏互補不足、發揮所長。這種接納若能普遍存在於一個社區，區內的街坊就不會反對特殊學校在他們附近興建，他們也不會拒絕改善社區設施，利便我們使用。事實上，利便的設施也利便了許多非殘疾人士，比如斜道和升降機也方便推嬰兒車和行李手推車的市民，發揮社會共享的作用。

　　利便的設施和適切的服務對於殘疾人士的生活是十

分重要的。點字於我就如嬰兒的奶粉，給我精神食糧；暢通無阻的通道於輪椅使用者就如馬拉松長跑的賽道，讓人邁向目標、發揮所長；工場和宿舍於我們當中的許多人就如你們的居所和工作地方，使人安居樂業。一個平和、友善的社區對於身心障礙人士就如一個處處體現好客之道的城市，使旅人賓至如歸。然而，我們的聲音非常微弱，需要立法會議員們擔任擴音器的角色，把我們的權利伸張，扭轉我們被傳媒、社會及政府忽視的狀況。

落實公約

　　其實，我們的權利已清楚載列於聯合國《殘疾人權利公約》內，並獲得中華人民共和國和香港特別行政區政府承諾將之落實。敬愛的立法會候選人，若你們當選，請勿忘記監察政府部門落實這條公約，並在立法會議事廳爭取資源以保護、保障及促進殘疾人士的權利。為了有效地發揮這個功能，你們可考慮在立法會內設立殘疾人事務小組委員會，讓殘疾人士的各項事務在政策釐定及措施推行的過程中得到立法會全面、定期和有效的關注。另外，你們須敦促政府把現時的勞工及福利局

康復組以及康復諮詢委員會重組及升格為「政務司司長辦公室殘疾人事務統籌小組」以及「殘疾人事務委員會」，全面檢討現行法例有否違反《殘疾人權利公約》的規定，以及委任有能力的殘疾人士為法定組織及諮詢組織的成員，以殘疾人士的角度審視公共政策及監察公共服務，與你們並肩為全香港老百姓發聲。在這點上，中國政府已委任失明的楊佳教授為駐聯合國關於《殘疾人權利公約》落實情況的中國代表。

議員的典範

各位立法會候選人，我的殘疾朋友和我對你們充滿期盼。在我們的經歷裏，曾有一些前立法會議員努力為我們爭取權利，例如新高中的教育機會、交通半費和就業配額制度。在這裏，讓我憶述兩位令我們難忘的前立法會議員。

第一位是杜葉錫恩女士，她擔任前市政局民選議員期間，發生盲人工潮，那年是一九七一年。當時，她毫不猶豫地站在失明工友那邊，不是因為他們絕對正確，而是他們需要有下呈上達的機會以及申訴不公平待遇的權利，杜葉錫恩女士不但成為他們和廠方的橋樑，

而且令失明工友站起來為自己發聲，挑戰那無法穿越的高牆。

　　第二位令我們殘疾朋友難忘的從政者是方心讓醫生。方醫生精通骨科，仁心仁術，醫治過無數的殘疾人士，使他們重過新生，他又成立香港復康會和香港復康聯會，使香港的復康服務得以進一步發展。在方醫生擔任立法局和行政局議員期間，他盡心盡意地影響政府政策，謀求殘疾人士的福祉。不單如此，方醫生還鼓勵殘疾人士組織起來，於一九九二年成立香港復康聯盟，並且擔任榮譽顧問，康盟成立的目標是爭取殘疾人士的平等機會和社會參與。方醫生和他的妹妹方心淑校長亦曾就在立法局內設立殘疾人士功能界別的建議遊說當年的憲制事務司，可惜未獲接納。

願境和共同行動

　　各位立法會候選人，我們不是純粹的受助者，我們渴求的理想社會是充滿凝聚力，體現平等、自由和博愛，提供利便的設施和適切的服務，讓社會內每個成員安居樂業、各展所長，享受每一個生活環節 —— 在學校受教育，在經濟領域進行活動，在街市買菜，在商舖購

物，在社區中心看話劇，在大樹下乘涼，在教堂和廟宇裏相遇和攀談，在家庭和公共空間發揮社會持續發展的力量。

今年九月九日，你們將會參加民主的洗禮，我們手中的每一票，就像一點一滴的水，盛載了我們對你們的支持和期盼，在此預祝各位立法會候選人能實踐你們服務社會的願望，當選的在立法會的平台上做好監察政府施政、審議法例及通過財政預算等工作，落實聯合國《殘疾人權利公約》，體現全社會老百姓天賦人權。沒有當選的也會在社會其他領域內服務市民，與我們並肩凝聚來自各方的動力，攜手締造一個共融社會。祝事事如意

徐啟明和一群殘疾朋友
及其同行者　　敬上
二〇一二年九月三日

生命像一條江

各位朋友：

多謝大家的生日祝福！

生命如流水，不知不覺，已從澎湃的上游流到平靜的下游，但願流過的地方，都會留下美好的回憶，每次相遇，都是一種砥礪、一種交流。

分享以下文字，摘自余秋雨的《君子之道》：

生命像一條江，發源於遠處，蜿蜒於大地，上游是青年時代，中游是中年時代，下游是老年時代。上游狹窄而湍急，下游寬闊而平靜，甚麼是死亡？死亡就是江入大海，大海接納了江河，又結束了江河。

各位朋友，即使生命像一條江，有源頭也有終結，

但水是無處不在的，在江河，在海洋，在空中，在冰封的南北極，老子說「上善若水」，水代表著我們的言行，影響著身邊的人和未來的世界。

盼望與大家浩浩蕩蕩迎向未來！

啟明　上

二〇一五年四月四日

死亡就是這麼近那麼遠！

小鋼：

昨天晚上八時多打開 WhatsApp，聽後思潮起伏，百感交集，對死亡再次有所感觸。

上星期，有一位同事告訴我，他朋友的兒子跳樓輕生了。這少年因高考成績強差人意而入讀職業訓練局 IVE，卻一直鬱鬱不歡；其實他兩年前已經患上抑鬱症。原來新聞報導的自殺個案是這麼近！

「落紅本是無情物，化作春泥更護花。」這兩句詩是出自清代龔自珍的《己亥雜詩・其五》，意思是花和葉最終會凋謝，落在泥土中，變作肥料，孕育下一個世代的花朵和枝葉，比喻死者生前留下的言行，造福後人。我很有同感。

死亡的發生，有時是非常突然的，意想不到的，令

残疾無常 一位視障者對生命的感悟

人惋惜的，無可挽回的！

死亡又是那麼遠這麼近。平日，報章讀到的交通意外、飛機失事和大屠殺的罹難者與自己似乎毫不相干，可能只感到他們不幸和不值。然而，死亡發生在自己認識的人身上，就會牽動情緒，感覺還有一些話沒有向他說，還有一些事沒有跟他一起做。

世間若沒有生離死別，沒有眼淚，沒有遺憾，只有歡笑，你說多好！

基督教的天堂和佛教的極樂世界，才能有這個境界。

原本，伊甸園就是一個樂園，人無需穿衣，亦無需化妝。可惜，人想超越上帝，吃了分辨善惡樹的果子，有了點聰明，便知道赤身露體的羞恥，死亡也隨之而來。

人第二次想超越上帝，就是建造巴別塔的時候，結果人要分散世界各地，說不同的語言，爭取各自的利益；除了死亡，戰爭連綿也是代價，非自然的死亡成為人的額外不幸。

人第三次想超越上帝，是尼采宣佈「上帝已死」。人從此喪失方向，尋找甚麼甚麼存在主義，甚麼甚麼科學。尼采之後，除了死亡和戰爭，伴隨著人的還有孤寂

和疏離。

死亡唯一的好處可能是令暴君消失，讓人尋找新的領袖，其實他亦是穿上另一件新衣的暴君。

落紅本是無情物，化作春泥更護花。

大概身邊人的離去，給我們反省的機會吧！

啟明　上

二〇一七年十月十五日

伯樂總會出現

敏慧：

　　從你信中的描述，我深深體會到你是一位有進取心、希望自我實現及不斷尋求突破的視障年輕人。

　　其實，你現時所面對的情況跟許多盲人（當然包括我在內）一樣，被別人低估自己的能力，不能發揮所長。但我相信，若我們想改變現實，現實就會漸漸改善。

　　工作確實對於每一個人都是重要的，除了被勞役外，有金錢報酬和沒有物質報酬的工作，都組成我們人生有意義而重要的部份，它給予我們溫飽、安全感、友情、成就感和存在價值，因此，能夠令自己發揮所長的工作是值得畢生追尋和持守的。

根據你的描述，你已經多次向上司和同事表達願意擔任更多工作，但是情況並沒有大改變，因此，若你不需要依靠這份薪金生活，遞交辭職信是可以考慮的。

　　然而，許多人寧願騎牛搵馬，一方面捱下去，另一方面找別的工作，正如你現時申請政府職位和其他工作一樣。

　　除此之外，事實上最少還有兩條路：一是專心一意「全職」進修，努力完成你的碩士課程；二是從你不喜歡的牛背上爬下來，找尋一條出路。

　　記得當年我在修讀教育文憑時，我放棄了一份全職工作，找來另一份半職工作，好讓我多點時間進修。所以，我很明白在兩難之際取得平衡是非常困難的，需要有所取捨。

　　以你的英文水平和積極樂觀的性格，我對你是有信心的。現時在我的腦海中，起碼有兩個提議：

　　第一，你可以寫自薦信給一些外資公司，申請擔任公司秘書或傳譯的工作。大體來說，歐美人士的思想是比較開明的，這是我的經驗。

　　第二，向熟識的人和機構寫自薦信或徵求意見。我認為你可以勝任展才能協會宣傳幹事一職，其工作範圍主要是出版刊物、到學校或其他機構宣傳該會的工作、

聯絡捐款者以及推行籌款活動。若有興趣，你可以與諸葛姐姐談談。

你認識劉修士嗎？他透過義工、輔助儀器和同事的協助，也在一間福音機構做好那份神聖而莊嚴的工作。你也可以徵詢他的意見和了解他的心路歷程。

我的提議只能作為參考之用，你應該有你的理想和方向。現附上一篇題為〈偉大的視障先行者〉的文章給你閱讀。

盼望你早日獲得伯樂垂青，找到一份稱心的工作，從而能夠自我實現、盡展所長。

啟明　上

二〇一五年三月十八日

義工無價

各位委員：

近日，我們為了怎樣善用義工而各持不同的觀點。我認為這是很有意義的討論，意義在於真誠的表達、虛心的聆聽、友善的反應。

其實，我們擔任康盟委員，不也是義工麼？義工的工作不在乎金錢報酬、物質回報、榮譽等，只希望從服務中獲得滿足，起碼我是這樣想的。

以往曾有無數義工幫助過我，他們讀書給我聽、教導我、為我領路、為我添菜餚、一起跑步等等，總之數不勝數。一聲「謝謝」、一張聖誕卡，不足以表示甚麼，因此回饋社會、幫助別人以及做一些有利他人的心念油然而生。每一個人生片段都會影響下一個人生

片段。

　　過去三年，參加了心光學校校友會的師友計劃，給師弟們一些意見。在過程中，我享受彼此的互動和交流，所有人都要付出，同時所有人都會得著，「意義」就是這樣產生的，影響就是這樣延續下去的。

　　我們當中許多朋友也曾經歷這個互動與交流的過程。Karen 曾幫助我的學兄，讀書給他聽。高 Sir 曾帶 Ivan 來康盟與我們交流，他是一位有特殊學習困難的視聽障學生。謝教授和他女兒也是義工。有意義的互動和交流，令我們的人生更圓滿，補充了現實社會的不足。

　　在慶祝康盟二十周年之際，我們可以思考康盟未來五年的方向和工作，包括善用義工資源。祝
中秋節快樂

啟明　上

二〇一二年迎月夜前夕

《趁我仲記得》讀後感

Pearl：

　　我聽完妳所寫並親自在香港盲人輔導會訊息無障礙中心所錄製的新書《趁我仲記得》後，腦海中泛起一些回憶，有些與書中提及的人有關，有些與書中提及的事件和地方有關，這是同一個時代在不同角落的印記。

　　書中二十多個故事，都寫得真摯自然，有多姿多彩的際遇，有揮灑自如的表現，也有春華秋實的收穫。

　　我提及的六道空間理論（Six degrees of separation）又稱六道分割理論和小世界理論，指出每個人從六個連鎖間接認識的人，都會間接認識任何一個人，這是人存在於世界的一種微妙關係，大概蝴蝶效應也是通過這個網絡產生的吧！

而且在資訊科技發達的今天，我們似乎都能虛擬地認知、認識或了解某人，縱然不一定真實。

　　青少年時代，我很愛聽電台的廣播劇和足球轉播，流浪的鍾啟明是我喜歡的球員；我曾在九龍塘遇見精工球員麥哥利，他很友善，帶我行了一段路。

　　Pearl，非常感謝妳的回憶和分享，大家繼續保持聯絡。祝

身心康泰

徐啟明　上

二〇一八年二月八日

第三部　念故友

愛「小」的老朋友「阿大」

　　認識林永全已是四十八年前的事了，那時我入讀心光學校小一，他讀小二，同學都稱他「阿大」。

　　永全生於一九五八年五月五日，他不是家中阿大，他有兩個哥哥。出生後不久永全被送入心光，名副其實是由心光「湊大」的，他也許是在不同校址的心光留下最多足跡，又是在不同年代的心光向最多學弟學妹說道理的學兄。

　　一九六一年之前，心光舊校非常簡陋，只有兩層，教職員不多，故教導和照顧工作由許多畢業多年仍住在學校宿舍的學姐協助。那時，心光剛開始接收男生，永全就在舊校址留下了學行的足印和牙牙學語的聲音。

　　一九六一年，新校落成，連地下共有五層，前面是稱為地堂的操場，一樓有幼稚園、音樂室、飯堂和禮

堂，樓上每層都有一條長走廊，二、三樓是課室，四、五樓是宿舍。小時候，永全住在五樓一間共有廿多個幼稚園和小學學生的房間。這間大房間由一名欺善怕惡的惡保母負責，永全有時會被這名保母施行小酷刑，手指在地上被踩。奇怪的是，永全沒有把這種被欺負的經歷傳承下去，反而很愛護一代又一代的心光小孩子。

永全天才橫溢，特別在音樂和語言方面。他無師自通，學會彈鋼琴、打小鼓，因此在早會和晚禱中當詩琴，也是學校銀樂隊中負責調控節奏的靈魂人物。他的語言能力特強，小學時已能和英國人馬院長對答如流，還能模仿馬院長的聲音和語氣，他還會以此捉弄他人，嚇得同學們和職工們以為院長到了。永全在音樂室、禮堂和走廊都留下他的鼓聲、琴聲和模仿聲，直至一九七八年畢業離校。

永全曾在電子廠工作，後轉任永安百貨的電話接線生。然而，每周永全堅持到心光母校為一班又一班師弟師妹教聖經和補習功課。三十多年如一日，在心光的不同校址，每周留下足印和聲音，他還把一個又一個心光小孩帶到作為加油站、遊樂場和訓練營的香港失明人協進會。永全的鬼馬聲音也經常在協進會職教中心迴盪。

二〇一四年十月十六日，我開完心光學校法團校董

會會議之後，在薄扶林道巴士站遇到永全，他剛完成主日學的導師工作，等候過西隧的巴士回家。之後我也曾致電給他，了解心光的近況。翌年的校友會和協進會的周年大會永全亦有出席，並發出「我和議」的爽朗聲音。

銀樂隊解散後他不再打小鼓，馬院長返回英國後他絕少模仿馬院長的聲音了，但我們很多人不會懷疑，只要心光校園存在，只要那兒還有小孩子，永全必定會繼續到心光教導他們聖經的道理，還會帶他們到協進會迎戰人生未來的挑戰。

二〇一五年十月初，心光學校的師生們，因為兩星期都不見永全哥哥的蹤影，兩星期都聽不到永全哥哥的聲音，於是大家設法尋找他的下落。不久，沉痛的消息傳遍一眾心光人和協進人，永全走了，悄悄的走了！

儘管我們不明白永全輕生的決定，但我們不會忘記這位人家叫「阿大」，但他卻喜歡「小」的老朋友，耶穌說小孩子比有錢人容易進天國，永全的一生做了許多小孩子才會做的事，而且堅定不移地做下去，直至那一刻的到來。

永全，我們不會忘記您爽朗的聲音，許多心光人也不會忘記您教導的聖經道理。

追尋完美的戰士

在二〇一四年十月底，我收到一封電郵，說蘇耀中於十月二十三日凌晨在瑪麗醫院與世長辭，享年六十三歲。我心裏不期然憶起許多往事。

蘇耀中小時候曾患骨癆，因失明入讀心光盲人學校。畢業後，在夜校進修。中五會考獲得佳績，升讀聖芳濟書院中六，並於一九七六年成為香港首兩名入讀香港大學的視障學生之一。

入讀香港大學前，他曾任香港失明人協進會委員，負責前學生中心的事務，此後他常到該中心（即現時的職業及教育資源中心），接受義工報讀服務，繼續追尋他的夢想。

我是在一九八〇年入讀香港大學時認識耀中。雖然我們不是住在同一宿舍，也不是修讀同一科目，但我們

經常在圖書館專為視障學生而設的房間見面。他記憶力很強，對東南亞歷史尤為稔熟，我只能望其項背。有一回，我從圖書館返回利瑪竇宿舍，拿錯了他的手杖。因他還有剩餘視力，所以走路時手杖無需接觸地面；可是，我是一個不折不扣的盲人，需要用兩點法把杖頭左右擺動，結果，手杖被弄花了！之後，我買了一支新手杖給他。他著意的是完美無瑕的手杖，而不是我的大意，我們的友誼沒有打斷。

他的執著是為了完美，即使退休後還在追尋他的大學夢，修讀公開大學學士課程。他做事態度嚴謹，很適合從事學術研究工作，轉譯點字書的工作也許很適合他。

人間實在多變，令人透不過氣。全能至善的造物主預備了完美的天國讓你進入，耀中，願你安息主懷！

殘疾無常
一位視障者對生命的感悟

心懷大愛的創運者

　　傳來程文輝女士於二〇一一年五月十九日離世的消息，心裏不禁向她致以衷心的敬意，並送出無言的祝福。她的生平事蹟將不斷影響和打動世人。

　　我中三時初次聽到程文輝的名字，那時是上世紀七十年代中，每周都有香港大學醫學院的聖母軍來心光學校幫助我們。有一位姓陳和一位姓張的準醫生一連數個星期把程文輝女士在《南華早報》連載的部份自傳讀給我們聽，一方面我們可以學習英語，另一方面也認識到這位劃時代的傳奇人物。我還記得她的傭人和姐稱呼程女士為「三姑娘」，英文翻譯為 "Miss Three"。

　　我初次與程女士見面是在唸高中時。我參加一個為失明人舉辦的海上活動，我在乘風航（Adventure Ship）上聽到她向上帝作出的見證以及她勉勵所有參加者的說

話，她說：「人有失望是無可避免的，但人不該絕望，反而應該在失望時盡快重燃希望，向著人生的目標邁步。」這番話深深影響著我。

我初次了解程文輝女士的前半生是在上世紀八十年代初。程女士與德國傳教士凌瑪利姑娘等人於一九七八年創立失明人福音書刊中心（現稱視障人士福音中心），目的是向香港和中國內地的失明人提供點字和有聲聖經及其他基督教信仰刊物，把天國的福音傳到失明人的指頭上、耳朵中和心坎裏。我從這個中心借來她的英文自傳《One of the Lucky Ones》，儘管這只是簡明版本（Simplified version），我仍讀得津津有味，書中情節峰迴路轉，十分感人，亦相當勵志。程女士相信，上帝會為每個敲門的人開門。憑著這份信念，她得到遠方寄來的英文點字字卡和書寫工具；憑著這份信念，她入讀廣州培道中學、澳門聖心書院、香港拔萃女書院和美國柏堅氏盲人學校（Perkins School for the Blind）。

詳細了解程女士的生平差不多是十年後一九九〇年左右的事了。我從香港盲人輔導會借來英文自傳的中譯本《失明給我的挑戰》，對她的前半生更深入了解。程女士自小就心懷大愛，她同情一位在街頭行乞的失明女孩，並立志將來要服務盲人。她亦愛患病的姊姊，當然

也愛伴她同行整個人生的和姐，所以程女士的自傳重印時，書名改為《伴我同行》，重點放在和姐身上，這也是電影和話劇的取材。

認識程文輝女士的後半生主要是透過傳媒和影音使團的錄音帶。我聽了她述說和姐臨終前的經過，她們表面上是主僕關係，實際上她們在人生路上同行六十多年，彼此發揮了最精彩的母女和姊妹情，她們同是上帝的女兒。

廿多年前，我曾與程女士在香港社會服務聯會盲人事工協調委員會開會，她是社會福利署的代表，和姐是她的陪行者，而我是香港失明人協進會派來的小伙子，入世未深。程女士為人謙虛，她說她的博士學位是人家給的，不是她唸書取得的，但無可置疑，她對人的貢獻和對上帝的信靠，值得更崇高的榮銜。

程文輝女士被譽為「中國凱倫凱勒」。她生於一九三六年，那年發生西安事變。當年，國民政府雖然發動了新生活運動，希望改善國民素質，可是許多不合理的傳統觀念仍然存在。盲人除了少數靠外國傳教士的幫助外，大部份是被傳統偏見所擺布。半歲時，她因眼病而失明，從此與失明人的命運連在一起。她靠著在禮拜堂認識的培道學校老師引薦，入讀該校中一。之後，

她苦心向學，立志服務盲人，終於在一九五九年成為香港首位失明社會工作者，之後更獲獎無數。程女士天資聰穎，沒有甚麼會難倒她，然而她在柏堅氏盲人學校攻讀訓練盲人的課程時，學習用手杖行走卻難倒了她。她一度衝不破這難關，以前除了別人引帶她外，她會以雨傘代替手杖，這全因在她的童年深受傳統迷信觀念加諸手杖的影響。不過，程女士最終衝破了這道由偏見、迷信、排斥建成的高牆，無懼拿起手杖，活出獨立自強的精神。終其一生，她任社工的工作是繼續拆除這高牆，也教導其他失明人拆除和跨越它。

程女士在好壞因素兼備的命途上，成功凝聚無數的助力，有的來自上天，有的來自教會，有的來自家人、朋友及其他有心人，更多的來自和姐，實際上更大的動力源於她心懷大愛、對知識的渴求和對造物主的順服，使她突破重重難關，創造無數傳奇。

我謹翹首仰天，向身處天國與造物主同在的程文輝女士致以衷心的敬意，並送出無盡祝福。程女士，您的生平事蹟將繼續不斷影響和打動世人，「沒有牆的世界」指日可待。

推動融合教育的先驅

　　麥修女（Sister Moira）是香港失明人協進會的榮譽會員，曾以義工身份全職管理該會學生中心，我和許多視障學生因而得到她的幫助。我第一次閱讀《南華早報》的文章，是由她以點字打字機逐字打印出來的；而我就讀高中至大學上課時的同學手抄筆記，全靠麥修女安排四、五位義工在周末讀給我聽。為了找到義工，她有時會站在火石道二號截停路過的學生，請求他們給予幫助，讀書給我們聽或把資料錄音。上世紀七、八十年代，你可曾在火石道遇見過她？

　　她於一九九二年九月二十九日辭世，享年八十五歲。麥修女一生不遺餘力地貢獻弱者，她充滿慈悲心和正義感。讓我簡略地回顧她的生平事蹟：

一九〇七年，麥修女在美國新澤西州出生。年幼時由於家貧，她沒有上大學或接受專業訓練。她十五歲時為了謀生，到一間公司當文員。一年後，機緣巧合，她在瑪利諾修會學校修讀初中課程，並於一九二五年成為修女。

一九三三年，修會差派麥修女到中國工作。事實上，她早於學生時代已開始關心中國的婦女。那時，麥修女和她的同班同學聽聞在中國歧視婦女的情況嚴重，初生女嬰被遺棄，於是她們在班裏發動「一分錢」運動，每個同學每月捐出一分錢，由麥修女負責收集款項以及交給一間關懷中國婦女權益的機構。款項的用途是幫助有關家庭撫養他們原本打算遺棄的女兒以及興建孤兒院。

麥修女來到中國，最初在廣東羅定一間孤兒院工作了三年。之後，她到廣西桂陽一間女子宿舍，負責幫助有意做修女的女子解決問題及帶領她們學習聖經。一九五一年，中國政府要求她離境。其後，她到澳門照料難民。一九五三年，她來到香港，擔任幫助新移民重過新生的工作。一九六二至一九六九年期間，麥修女回美國，然後在越南一間孤兒院工作。

麥修女認識盲人早於一九三八年。那時，她在廣西

的女子宿舍工作，一名女傭發現一名失明女嬰，而麥修女就負起照顧這名女嬰的責任。後來，一些神職人員把更多被遺棄的失明女嬰交給她。因為她不懂得怎樣教養這些女嬰，所以她把其中兩名女嬰帶到香港，並把她們安置在一所由嘉諾撒修會開辦的盲人學校。

她第二次接觸到盲人是在一九五三年。當時，她在香港幫助一名失明男童獨立生活及在一所普通學校就讀，這名男童成為香港首名在普通學校就讀及參加香港中學會考的失明學生。一九七一年，香港盲人輔導會的工廠工人罷工，麥修女支持工人爭取公平待遇。一九七二年，她正式參與協進會的工作，除了幫助協進會租用九龍塘火石道二號成為該會學生中心之外，她亦以全職義工身分參與協進會的工作。縱使當時已年屆六十五歲，但她仍跟美國婦女會會長 Jean Castle 太太學習英文點字，為失明學生轉譯點字教科書。因此，一九七九年，在協進會創會十五周年的時候，麥修女獲邀成為該會榮譽會員。一九八一年，在協進會提名下，她取得崇德社的傑出婦女獎。數年後，因她在香港作出的卓越貢獻而獲頒發大英帝國員佐勳章。上世紀八十年代末，她返回美國過退休生活，直至終老。總結麥修女的一生，她隨時準備不遺餘力地奉獻自己，幫助別人。

麥修女對協進會作出了巨大貢獻。協進會今天的教育服務以及許多失明學生完成中學甚至專上教育所取得的成就，均受到麥修女的鼓勵和幫助。更令人讚賞的是，雖然麥修女服務我們，但她從不把她的意願加諸我們身上，而且她支持我們有自己的看法，並鼓勵我們將之實踐並成立我們的學生會。這種尊重實在可貴。

　　麥修女，我們永遠懷念您！

第四部　感悟篇

文化的形成和傳承

　　文化是人類的勞動成果，它能豐富我們的生活。文化在不同的社會環境有其獨特的內涵與表現形式，可以是有形的、無形的、固定的、變化的，它具體地存在於語言、文字、歷史、藝術甚至各個生活環節之中，如琴棋書畫和醫卜星相，與我們息息相關。在知識型經濟、資訊科技和全球化的影響下，世界各地的文化受到史無前例的衝擊，香港的文化若要在世界文化之林屹立不倒，繼往開來，再放異彩，我們必須博古通今、學貫中西。要兩者兼擅，我們就需認識和欣賞中西文化，並要將之融入我們的思想和生活之中。香港市民需要提升文化素質。

　　要令香港市民認識傳統文化，殊非易事。許多文化遺蹟和文物雜亂殘破，散失各處。故此，有關方面必須

修建歷史遺址，鼓勵民間捐贈文物，又邀請文化界整理資料。大家可多到圖書館和主題博物館，那裏陳列不少珍貴的資料和文物，當中有反映香港社會變遷的相片，讓我們飽覽香港的歷史文化，包括警隊、海防、鐵路的發展。在假日或工餘時間，如能參觀這些博物館，必能深入認識古今變遷的脈絡和各個生活環節互相緊扣的輪廓。

推廣文化的活動包括資助文化團體（如話劇團、舞蹈團）公開表演，又可邀請國內外知名的文化工作者來港演出，讓香港市民有機會欣賞一流的文化活動。各式各樣的展覽和講座亦應舉辦，涵蓋的範圍包羅萬有，舉凡美術、茶藝、書法、戲劇、音樂，應有盡有，務使香港市民有機會欣賞古今中外的人類智慧。

文化不是孤立存在的，我們在日出日落、冬去春來的自然現象中生活，所以我們也需要認識和欣賞大自然。明顯地，文化（culture）跟自然造化（nature）不同，前者是人類在勞動中創造出來並不斷塑造和更生的，而後者則是造物主的安排，兩者均有可了解及無法解釋的規律，但我們所追求的是把這兩者契合於無形。為此，有關方面也應舉辦有關天文奧秘、太空科技和其他科學突破的活動，把大自然的知識寓於趣味之中。

無疑，人類的文化浩如煙海，縱橫古今中外。儘管如此，我們應努力不懈，認識和欣賞文化。最重要的還是每個市民都能在生活中培養自己的文化興趣，下棋也好，練習書法也好，把文化融入生活之中，只有這樣，香港才能夠提升市民文化素質。

無障礙閱讀

　　閱讀像在宇宙中泛舟，聽到若隱若現的天籟，感受正邪難辨的人性，咀嚼真假不明的道理，嗅到百般滋味的人生，摸到盤根錯節的藩籬，看到黑夜盡頭的曙光。閱讀不時給人啟迪、反思、感悟和力量。

　　我認為閱讀有三個階段，即「淺層了解」、「全面了解」和「透徹了解」，不可一蹴而就。

　　在資訊科技無遠弗屆和普及化的今天，殘疾人士可無障礙地閱讀並非天方夜譚，因為發聲軟件、放大程式、翻譯軟件的出現都可消除他們以往面對的閱讀障礙。上世紀七、八十年代的失明學生，為了應付學業，需要買來或借來教科書及參考書的印刷版，在義工協助下將之轉譯成點字，或者揀選部份內容錄音。踏入九十年代，隨著個人電腦普及化，失明人透過發聲軟件和點

字顯示器，能夠閱讀即日報章、瀏覽網站和收發電郵。

今時今日，人人手上都有一部連接上互聯網的手機，加上人工智能、區塊鏈、雲端技術的協助，我相信殘疾人士跟其他人一樣將可以隨著自己的需要和興趣來閱讀，但需政府投入更多資源、出版商和生產商加入通用設計的元素以及殘疾用者表達自身的需要。

多元共融與可持續發展

在自然界有「生物多樣性」（biodiversity）需要珍惜和保護，否則有些物種會消失於地球，我們的生態環境也會失衡，因此負責任的政府會採取《生物多樣性策略和行動計劃》（Biodiversity Strategy & Action Plan），並進行「生物多樣化調查」（biodiversity survey），確保各種生物品種取得平衡，也遵守《生物多樣性公約》（Convention on Biological Diversity）。

在人類社會也有多樣性的現象和問題，各式各樣的人種和文化以及性別不同、性取向不同、身體有不同特質，也造就多元化的自我發揮和人類發展形式。因此，社會共融是人類一個取得長治久安的必要條件，香港政府需要實施不同的反歧視條例，以促進多元文化。

至於企業方面，尤其是跨國公司，在全球化的影響

下，也成立促進多元共融的專責部門，這種措施也有利增加工種，提升僱員的工作多樣性，配合社會的服務多元化。一個充滿和諧、互相尊重的工作環境，包括設施和數碼共融的配合，可以提高員工的工作滿足感和生產力。

我們要共享多元文化，就必須尊重文化差異、性別差異及身體上的不同特質，因此每年都有世界文化多樣性促進對話和發展日。充分包容才會有社會共融和持續發展。

建立共融社會的三個必要條件

　　隨著《殘疾歧視條例》於一九九五年通過，平等機會委員會於一九九六年成立以及聯合國《殘疾人權利公約》於二〇〇八年實施，標誌著香港社會進入了一個多元共融社會新紀元。雖然立法者認同平等機會是保障殘疾人士的必要條件，法律開始保障弱勢社群不被歧視，關於人權的普世價值也逐漸被世界各國接納，可是香港在建立共融社會過程中仍然存在著不少障礙，需要我們面對、分析和跨越。筆者嘗試闡釋共融社會的三個必要條件，包括求真的社會觀念、平等的社會制度和友善的社會設施，以促進社會共融。

　　首先，求真的社會觀念是建立共融社會的第一個必要條件。社會觀念是大多數人對某一事物或某一群體的特定看法和認識程度。公眾人士對殘疾人士的認識，影

響他們對殘疾人士的態度和行為。孔子在政治上主張「矜寡孤獨廢疾者，皆有所養」，他認為身體有殘疾的人最好由社會供養，因為他們沒有工作能力。難怪許多反映有關觀念的成語，都是低估殘疾人士的能力，例如「瞎子摸象」和「問道於盲」。聯合國在一九四八年通過的《世界人權宣言》指出，人皆平等，每個人都應享有天賦人權和社會權利，包括生存權、平等的教育和就業機會。殘疾人士要享有這些權利，需要公眾人士認識殘疾人士的能力，這便要透過學校、社區和大眾傳媒介紹殘疾人士的真實情況，從而讓殘疾人士可在最少的誤解下發揮所長，而由錯誤觀念所塑造成的不公平制度才有望逐步改善。

平等的社會制度是建立共融社會的第二個必要條件。社會制度有其一系列重複而特定的運作模式，需要我們參與其活動及遵守其規則。長久以來，社會習慣為殘疾人士建立特別制度。明朝以來，社會為盲人建立一個拜師學藝的就業制度，他們可接受音樂、說書、算命和按摩訓練。在這個特殊制度下，中國的盲人只能發揮有限能力和生存在社會邊緣。近代的西方傳教士、政府和服務機構亦習慣為殘疾人士建立特殊學校、特殊部門和特殊社康中心。這種被特殊化的情況雖自一九七七

年復康白皮書發表後有所改善，但一般的社會制度和社會組織（如僱傭制度、學校）卻沒有為殘疾人士的參與作好充分準備。無可否認，共融制度需要有包容性的機制，尊重個別差異，讓有能者居之，當然亦需要有社會設施的配合。

友善的社會設施是建立共融社會的第三個必要條件。一般設施通常是按照大多數人的需要而設計的，很難顧及少數人的需要（除非他們是強勢小眾或特權階級）。其實，許多社會設施稍作改裝，便可適合殘疾人士使用，例如電腦加裝了發聲軟件，視障人士便可瀏覽網站，獲取資訊。社會設施怎樣才可配合殘疾人士的需要呢？在這點上，殘疾人士最清楚自己的需要，因此，他們要透過適當的渠道表達意見，以爭取合理的資源，令社會設施作出改善。這個過程當然要有求真的社會觀念和平等的社會制度配合。

由上觀之，我深信共融社會可確保我們各盡所能、各取所需和互補不足。假若人類提升了共融意識，社會制度和社會設施也會隨之而調整和配合。法國大革命奏起平等、自由、博愛的國際歌，新中國的誕生高唱民族自主、求同存異，香港回歸祖國為中華民族的融和繼往開來。在這個大潮流、大環境和大時代裏，殘疾人士要

透過自身的覺醒和集體行動，加上千千萬萬同行者及有心人群策群力，共同把共融社會的三個必要條件注入我們的文化土壤中，就能締造更美好的明天。

發揚「For All」精神

　　學好英文，善用片語（Phrase），非常有用，可收言簡意賅之效。許多複雜難懂的概念都能以顯淺的片語表達，例如林肯把抽象的民主概念簡化成「By the people, of the people, for the people」，寥寥九字已道出民主的精神和內涵，包括政府的產生方法、政府的職責以及政府與人民的關係。同樣「For all」這片語，表達了共融社會的精神和元素，就是以民為本，一視同仁，無分貧富、性別、年齡、傷健、種族等特質，以建立人人平等、互相尊重的社會。本文淺談這個富有「一視同仁」的「For all」概念，若能在各方面充份發揮，就是建造共融社會的基建工程。

　　早於二千五百多年前，孔子已提倡「有教無類」

的教育理念，英文可譯為「Education for all without discrimination」，所以他是不折不扣的平民教育家，被後世譽為萬世師表。上世紀八十年代，美國為了應付教育的新挑戰，發表了一份以「Education for All」為題的報告書，以改革整個教育制度，包括特殊教育，時至今日，美國仍然是人才輩出和帶領尖端科技進步的先鋒。同樣，聯合國教育、科學及文化組織提出《全民教育》（Education for All）願景，要求各國政府與非政府組織和公民社會齊心合力、投資教育、促進公平、消除貧窮。

　　回到香港社會的情況，人口老化是未來大趨勢，政府、社會和個人都要面對。安老事務委員會提出「長幼一家」（A society for all ages）的目標，建立一個適合任何年齡人士生活的社會，因此發表「建設長幼一家的社會約章」（Charter for a Society for All Ages），方向是讓長者與其他年齡組別的人融合，讓他們參與社區生活並建立多元化照顧模式。

　　健康就是財富乃千古不易的道理，為此，政府致力推廣普及運動（Promoting exercise for all），又提出「普及體育」（Sports for all）的口號，舉行全民運動日（Sport for All Day）和全民健身日（Fitness for All Day），更推行體育普及教育（Sports education for all），不時舉辦普及體育節目（Sports-for-all programme）。與此同時，基層健康服務工作小組亦發表報告，題為《人人健康，展望將來》（Health for All The Way Ahead），以配合普及健體運動（Healthy Exercise for All Campaign）。既有健康帶來的財富，也需要知識引發的力量，因此公共圖書館推行鼓勵學生集體申領香港公共圖書館圖書證的「一生一卡」計劃（The Library Card for All School Children Scheme）。

在復康政策和服務方面，一九九二年的綠皮書和一九九五年的白皮書均以《平等齊參與，展能創新天》為題，英文是 Equal opportunities and full participation: A better tomorrow for all。十多年來，政府在通道及交通方面也採用了 For all 的概念，例如普及或無障礙運輸（Transport for all）。

大體來說，香港提供了一個公平競爭的營商環境（A level playing field for all businesses），政府透過社會企業夥伴計劃、夥伴倡自強社區協作計劃、社區投資共享基金、攜手扶弱基金等渠道，以扶助社會企業。社會企業的運作可「助人自助，共建社群」（Help those who help themselves, advocate community building for all），這樣便可邁向人人有工做（Work for all）的目標，也可實踐婦女事務委員會所傳播的訊息——致力為社會創造

更美好的未來（Working for a better future for all），齊建兼具大同與小康條件的共融社會。

弱者自強，社會前進

　　你心中的理想社會是怎樣的？孔子主張的是：「壯有所用，幼有所長，鰥寡孤獨廢疾者皆有所養，男有分，女有歸。」（《禮運・大同篇》）。許多弱勢社群（例如殘疾人士）一直爭取的是一個尊重個別差異、互補不足、人盡其才的社會，他們可以怎樣將之付諸實踐呢？

　　人類自從開始聚居，就因應客觀環境和主觀意願而建立社會，以保障生命安全和基本需要，發展個人潛能以及延續子孫後代。倘若我們的生命安全得不到保障，我們的基本需要得不到滿足，我們的潛能得不到發揮，以及我們的子孫後代得不到持續發展的機會，那麼必然會有勇敢的人起來挑戰及重建身處的社會。

　　在一個人盡其才的社會裏，人可以追尋自己的夢想。要把夢想變成可實現的理想，人需要自我覺醒。自

我覺醒的人能夠知行合一，憑視野超越限制，以行動闖出新路。他們從感悟中覺醒，從前人的足印中找到價值、目標和方向，從生活中凝聚前進的動力。他們不再認命，不再坐以待斃，決心做自己命運的主人。

自我覺醒的人清楚自己的潛能，也知道周遭環境的局限。這些局限來自人家的誤解、不公平的社會制度，甚或來自暫時不利的客觀條件。

然而，追求理想的人不懼怕暫時的局限。他們努力裝備自己，立定志願，堅持信念，屢敗屢戰，將夢想變成現實。

無可否認，個人的成功和提升不一定等於社會整體或大部份人的成功和提升。帶領社會整體進步，要有像《天地一沙鷗》中小海鷗約拿芬對同伴的呼喚、像摩西的領導、像德蘭修女的委身、像大衛無畏巨人歌利亞的勇氣以及千百萬同行者的前仆後繼，只有這樣，受壓迫、受歧視的弱勢群體才會獨立自強，社會才會邁步前進。這個過程許多社會運動都經歷過，如婦權運動、美國黑人民權運動，而香港的視障人士自助運動也沒有例外。香港戰後歷史與這場經歷半世紀的視障人士自助運動是不可分割的，因為它不但爭取視障人士的平等、獨立和機會，而且它也令香港社會變得更多元、更公義和更包容。

邁向傷健共融的體育運動

　　著名美國盲人教育工作者 Berthold Lowenfeld 指出，在歷史過程中，盲人有三種遭遇：被遺棄、被隔離、融入主流社會中。同樣，視障人士在體育運動上，會面對三種情況：被忽略、特別安排、傷健合作。本文概述自第二次世界大戰結束後視障人士的體育運動發展，這是從無到有、從特別安排到邁向傷健齊參與的歷程。

　　「體育運動」是指人透過指定的動作、規則或器材，發揮身體的機能，達至健康、社交、競賽、慈善等目的。根據聯合國《殘疾人權利公約》第三十條，殘疾人士跟其他人一樣有權參與體育活動。政府應支持殘疾人士參加一般體育活動，並在體育場地提供無障礙的通道、設施、設備和體育運動項目。

體育屬於五育（德、智、體、群、美）之一，教育家向來提倡五育的均衡發展。二千多年前，東方和西方已懂得體育的重要性。孔子教授弟子六藝（禮、樂、射、御、書、數），射和御屬於體育運動。孔子認為，人若通曉六藝，就可成為知書識禮、多才多藝、體魄強健的治國人才。希臘人則透過運動會，促進城邦之間的關係，這是奧林匹克運動會的起源。

　　奧運會最初追求更快、更高、更強的目標，而時至今日更接納不同種族、不同性別、不同身體狀況以及逃避天災人禍的運動員參與。殘疾人奧林匹克運動會（Paralympic Games，簡稱殘奧會）正好體現平等、博愛和共融的普世價值，而 Para 的字根源於希臘文，意思是「平行並列」，引申指「相似但不相同」，用數學語言來說，就是沒有「重疊」（Intersection）或「合併」（Union），即殘奧會類似一般奧運會，但兩者並非同時舉行。

　　殘奧會的雛形，可追溯至第二次世界大戰之後，歐洲戰場上的傷兵自發為自己舉辦復康活動，包括體育活動，而為殘疾人舉辦的體育運動會亦應運而生。一九六〇年，來自歐美二十三個國家，約四百名傷殘運動員齊集意大利羅馬，參加首次世界殘疾人運動會。及

殘疾無常

一位視障者對生命的感悟

156

至一九七六年，第一屆國際殘疾人奧運會於加拿大多倫多舉行，當時有三十八個國家共 1,657 名殘疾運動員參加。

香港也在上世紀七十年代開始發展殘疾人士的體育活動，香港傷殘人士體育協會、香港弱智人士體育協會、香港聾人體育總會和香港盲人體育會紛紛成立，目標是發揮殘疾人士的體育潛能。參加不同體育項目的殘疾健兒得到培訓的機會，他們當中有被選派到外地參加比賽並屢獲佳績。二〇一二年，香港的殘疾運動員若在殘奧會贏得金牌，可得到政府發放三十萬港元獎金，是健全運動員在一般奧運會十份之一的待遇。

一九八四年，中國首度參加在紐約舉辦的殘奧會，當時共派出二十四名代表，該次中國在獎牌榜排名第二十三位。到了二〇〇四年希臘雅典一屆，中國派出二百位殘疾運動員，奪得六十三面金牌的優異成績，並在獎牌榜上躍升為首位。

二〇〇八年的殘奧會於北京舉行，而吉祥物為福牛樂樂，喻意頑強、樂觀與默默無聞的精神，同時亦有祥和、風調雨順的意思；而會徽為一個「之」字，由紅、藍、綠三色組成，名為天地人，「之」字有生生不息、到達之意，代表運動員歷盡艱辛，最終達到目標，獲得

成功。那年，香港協辦奧運會及殘疾人奧運會的馬術賽事，而在殘奧會馬術賽事中，香港派出運動員參與比賽。

二〇一二年的倫敦奧運會開幕禮中有一幕最堪玩味，英國奧委會邀請了一群聽障學童，以無伴奏合唱及手語方式演唱英國國歌，這一幕傳遞平等和參與的訊息，令人感動！二〇一六年的巴西里約奧運會增加了難民代表隊，肯定爭取自由的價值，也發揚平等博愛的精神。

在體育運動邁向傷健共融的路上，我有兩個不難實現的夢想：第一是殘疾人士的運動比賽項目能安排在一般運動會的開幕式至閉幕式期間舉行，而不是像現時般另行安排，這就如男女子項目在同一運動會舉行一樣。第二是大型運動會能增設傷健共融項目，讓殘疾和非殘疾健兒互相配合，角逐共同的獎項，就如羽毛球男女子雙打項目，或我兒時與視力健全的友伴一起玩二人三足一樣。但願當局在籌辦全港運動會（港運會）、工商機構運動會和先進運動會時能加入上述兩個元素，使香港的體育運動邁向傷健共融，展現人類社會和而不同、百花齊放的力量。

近年，愈來愈多民間團體、企業和殘疾人士組織攜

手合作，舉辦含有「傷健合作」元素的體育活動，如渣打馬拉松、單車百萬行。二〇一四年四月二十七日，香港失明人協進會與「跑去你屋企」（一個以跑步去連繫社區的公益籌款平台）聯同一些企業一起合作，舉辦第一屆「跑去環島手拖手」環島街跑活動，五十位視障及健視跑手，兩人一組，環繞香港島跑一圈共五十公里，起步點和終點都是金鐘添馬公園露天劇場。這次活動為香港的傷健共融運動寫下重要的一頁。二〇一六年十月三十日，協進會和「跑去你屋企」再接再厲舉行第三屆環島跑，延續這份多元共融的精神。

讓科技建造美麗新世界

　　小時候，很愛聽《十兄弟》的故事，不因甚麼，只因故事中的十兄弟身懷絕技，各有本領，如老大的千里眼、老二的順風耳、老三的大力神功、老五的飛天術、老八的遁地功、老九的呼風和老十的喚雨本事。他們齊心努力，互相配合，甚麼困難都可迎刃而解。

　　在資訊科技發達的今天，十兄弟的本領，都藏在個人使用的資訊科技產品中。通過資訊科技，相隔萬里的人可召開視像會議，就如千里眼和順風耳同體。手持一部薄如一副撲克牌的 MP3 播放機，就像攜帶了堆滿幾個書架的書本和唱片，輕鬆地和充實地行萬里路，試想古代的讀書人要僱用多少隨從才可這樣做呢？接駁了點字顯示器及安裝了讀屏軟件（Screen reader software），個人電腦豐富了我的生活，我無需飛天遁地也可掌握世情。

感謝一些有心人致力把資訊科技的好處帶給所有視障人士。他們研製的字體放大軟件、書寫點字軟件和讀屏軟件不單惠及香港的用者，還令數以萬計居於華南地區的視障人士也能夠無障礙地使用電腦，並無拘無束地享受生活樂趣。

當突破數碼鴻溝後，原來是一個美麗新世界。在這個世界裏，資訊科技能促進社會各成員的競爭力以及改寫殘障者的命運。患上漸凍症的著名科學家霍金，便是靠語音合成器和電腦的協助，可以清晰地說話和如常地出版著作。同時失去視覺和聽覺的人，配備了電腦和點字顯示器，可以無障礙地在網上與人交談。資訊科技大大改善了殘疾人士的生活，也令他們跟非殘疾人士一樣貢獻社會，過著獨立、有尊嚴和有意義的生活。

如上所說，滾滾科技洪流把我們拽進了一個美麗新世界，這不是英國小說家赫胥黎（Aldous Huxley）所描述的美麗新世界，而是一個善用資訊科技的人可以同時擁有十兄弟本領的美麗新世界。在通往這個新世界的過程中，讓政府、商界、民間團體、視障者和有心人擔任推動者、設計者、使用者和支持者的角色，實踐通用設計（Universal design）和世界大同的理想，攜手跨越數碼鴻溝，踏進由資訊科技所建造的共融社會。

讓新工具帶來新希望

自從人類直立行走，就可自由地運用雙手，發明各種威力無比的工具，應付生活的挑戰。同樣，我和所有失明人可透過雙手盡力認知世界，並發明、改良及運用各種工具，克服種種生活不便。

十九世紀初，自小失明的路易 · 布雷以（Louis Braille）憑著雙手發明點字，造福無數失明人，使他們能享受閱讀的樂趣，接受教育，並以知識改變命運。

對我來說，手杖是一種奇妙的工具，讓我能夠獨立行走。手杖經過改良，不但輕便耐用，還可加上顏色、反光物料、雷達甚至全球衛星定位系統，功能與時俱進，怪不得在每年十月十五日的國際白杖日，全球各地都有舉辦活動，提醒失明人，也告訴世人手杖的功能以及失明人在行動上的獨立自強。

協助失明人獨立自強的工具很多，不勝枚舉。例如，加入通用設計概念的棋盤和棋子，讓失明人可與健視者在共融的環境下（即共用的棋盤上）較量棋藝。這些棋盤和棋子通常是木製的，棋子可固定在棋盤上而不易因被手指觸摸而改變位置。小時候，我已經學會玩中國象棋、國際象棋及波子棋，但棋藝不精，只懂依照規則移動棋子，未懂掌握全局形勢，更談不上運籌帷幄了。

　　含有特別設計概念的輔助儀器能針對視障人士的需要，並協助他們融入社會、發揮所長。正如一張特製的椅子給有需要的人，可以紓解長期病患帶來的疼痛。同樣，特別研製的文字處理軟件使失明人充滿信心地應付學習和工作需要，無懼生活挑戰，踏上發揮所長的征途。

　　我們倡導的共融，是人在求同存異下相互接納，在互補不足下相互契合，在通用和特別設計的社會設施和工具的協助下各展所長。期望有更多發明家、設計師和生產商發明、改裝及生產適合視障人士使用的設施和工具，讓視障人士的雙手善用適切的設施和工具，開發他們的潛能，開創他們的未來。

在趨樂避苦中前進

　　心理學家認為，追尋快樂、避免痛苦是人的本能。
我們應順應及駕馭這種本能，邁向快樂豐盛的人生。

　　首先，我們要把快樂的酵素藏在心中，培養細味、
感謝所擁有的以及接受、反思所缺乏的心態，這樣我們
便會知足常樂，不會被非現實的事情破壞情緒。快樂的
感覺是有其主觀和自主成分的，感受快樂可以各適其
適。游泳對甲是樂事，對乙卻是苦差，你是否快樂取決
於你是否以積極樂觀的態度面對人生，因為不如意的事
情也會有積極的意義。因此，恆常的快樂來自你積極樂
觀的心理質素。

　　持續和豐盛的快樂需要洞察世界的知識和令人事半
功倍的裝備，新知識造就新發明，新發明造就更高的生
活質素，從飛鴿傳書到收發電子郵件的過程證明了這個

大道理。為了增加我們在人海中的競爭力，我們需要接受知識和技能訓練。以我為例，手杖是我的行走工具，掌握使用手杖的技巧，使我洞察前路的虛實和障礙，有時還可感受耳、鼻、舌、身的運作，在鳥語花香的環境下加深對大自然的體會。

就高層次和客觀世界主導的快樂而言，馬克思 (Karl Marx) 和馬斯洛 (Abraham Maslow) 都指出人要透過勞動實現自我，人也要從工作賺取報酬以維持生活。因此，尋覓合乎興趣和能力的職業是重要的人生目標。

追尋持續和高層次的快樂最終還是要回到個人的應變力和工作態度。應變力使我們知己知彼和知所進退，而良好的做人態度則使我們在人海中突出自己的獨特性和優點。

以上各點均能指引我們趨樂避苦，在人生的路上穩步前行。

自我實現的歷程

人活著，不是單靠食物，還要活得有價值，包括自我價值。自我價值不但受到世俗觀念和市場力量影響，而且決定於自身的優勢、人生的際遇以及從處境和際遇中所領略到的人生意義（Meaning）。自我實現（Self-actualisation）是一個尋求意義及體現意義的過程，同時也是拓展自我價值、達到自我完善的歷程，歷程中經過一個又一個驛站，認清方向，添加力量，繼續上路，才能達成理想。

家庭和學校是我們出生後首先到達的兩個驛站。家庭是孕育人生目標的搖籃，也是裝備自我的基地。我們在學校不但學到學科知識和生活技能，也培養了應有的社會行為和價值觀，而且藉著同學之間的互動與交流，建立團體精神，為投身社會打好基礎。

工作場地和社會組織是我們成長後踏足的驛站。它讓我們發揮所長，彼此交流，互補不足，體現人生意義。

　　我們的整體進步來自每個人都能夠發揮所長，也來自追求真善美的動力。在這兩股力量推動下，我們發明千千萬萬的自然和社會科學理論，創造文明，改善物質環境，建構發揚普世價值的制度，有利人類的彼此交流、團結合作和自我實現。讓每個人也能在這股歷史洪流中尋求意義，創造價值，快樂地和滿足地自我實現吧！

體驗視障的遊戲

　　遊戲是一種虛擬的現實，帶給人們歡樂，有助兒童德智體群美五育的發展。小時候，玩過很多遊戲，有的獨自玩，有的與其他小朋友一起玩。記憶中，童年最常玩的遊戲包括「猜皇帝」、「耍盲雞」（蒙著雙眼捉迷藏）、「音樂椅」、「紅綠燈」，每種遊戲都帶給我不少歡樂，也令我學會遵守規則；但一些遊戲似乎與現實不符，例如要做皇帝或領袖，不是猜包剪揼那麼簡單，必須付出努力或施展權謀。

　　進行公眾教育，宣傳視障人士的能力，要求參加者戴上眼罩被人領路，通常是指定動作，我一向並不熱衷於這種做法，因為這是參加者的遊戲，卻是視障人士的生活。遊戲過後，各人有各自的生活。記得政府當局曾於一九八一年舉辦「你我他」展覽會，參觀者可以坐輪

椅、戴眼罩，當時一些視障前輩並不認同這種遊戲式宣傳，我也有共鳴。

直至有一次在路上遇到一個懂得使用領路法的路人，我才重新反思認識視障的遊戲，這個路人不單玩了一場遊戲，而且持續地融會於他的生活中，促進與視障人士的互動，發揮蝴蝶效應，達致社會共融。

誠然，戴著眼罩被人領路是一種了解視障人士的方法，成功與否決定於參加者的體會，這種體會是與視障人士一起建構的，是感同身受，有同理心而非憐憫，在平等的基礎上互相尊重、互相了解。了解到人的多樣性，例如有的走路需要用手杖，有的上街需要戴上太陽帽等，只有這樣，社會才會和諧地、百花齊放地邁步向前。

服務使用者的權利與義務

　　殘疾人士在日常生活中跟其他人一樣，需要使用公共和社會服務，如到公眾泳池游泳、到醫院複診、在公園散步、在工場工作。過程中，服務使用者既有權利也有義務。

　　公共和社會服務的經費主要來自公帑和捐款。上世紀九十年代中，政府釐定了一套服務質素標準並發出指引，要求政府部門和社會服務機構遵守，以落實服務承諾、提供優質服務及體現服務使用者的權利。事實上，推行服務質素標準可提升服務水平、改善服務提供者與服務使用者之間的關係、充實服務使用者的生活以及推動社會融合。

　　服務使用者的權利其實跟消費者權利接近，但不完全相同，因為這些服務不是純粹的經濟行為，而是由基

本人權和公民權利引申出來的。在殘疾人士方面，聯合
國《殘疾人權利公約》第三條羅列了殘疾人士可享權利
的基本原則，包括：

每個人有權為自己作出抉擇；

每個人有權不受歧視；

殘疾人士跟其他人一樣享有社會權利；

殘疾人士有權受到尊重；

每個人享有平等機會；

每個人應平等享用社會服務和設施；

男女平等；以及

殘疾兒童在成長過程中應受到尊重。

不同的服務產生不同的服務關係，有的好比朋友，
有的好比顧客，有的好比老師與學生，無論如何，尊
重是互動的必要元素。服務提供者是怎樣稱呼服務使
用者？不同類別的服務對於使用者有不同的稱謂，例如
客人、客戶、用戶、顧客、案主、受助人、受導人、事
主、當事人等等，不同的稱謂顯示不同的專業服務和
不同的服務關係，但在責任、權利和義務大致上是相
同的。

服務使用者權利這個概念來自西方文化。中國的儒家從兩個相對的位份（例如君臣、父子、夫婦），界定尊卑的權責關係和態度，因此產生五倫和孝悌忠信。西方則注重契約精神，從《聖經》新舊約到社會契約以至現代的國際公約，締約各方須遵守所列明的權利和責任。

　　服務使用者的權利通常清楚列在服務承諾和服務質素標準指引內，這些權利主要包括知情權、隱私權、決定權、申訴權、參與權等。服務使用者除享有這些權利之外，還需要承擔義務，最少包括有感恩的心、尊重他人、不浪費資源和善用服務。因此，有效優質的服務是由責任、權利和義務配合而成。這樣，服務才會以人為本，發揮最佳的社會效益。

歧視和標籤

歧視和標籤是一對連體兄弟，前者是對某人不公平的待遇，後者是對某人特定的觀感，而有關觀感不一定與事實相符。

不公平待遇可以是優待（Favourable treatment）或惡待（Unfavourable treatment），通常是違反公平原則的。古代的皇帝使用「天子」的標籤，以鞏固其權力及認受性。殘疾人士受到的歧視，往往伴隨著失真的標籤，例如「盲精、啞毒、跛招積」。最近一些政治評論員多次在他們的文章中採用「盲人摸象」的比喻，以表達某人的言論以偏概全。我尊重他們的言論和用詞自由，但我不得不說我在浩如煙海的知識中會不斷摸索、類化和頓悟。

盲人摸象源自佛經故事，作者巧妙地選用了陸地上

最大的哺乳類動物以及伸開雙手只能觸及數尺範圍的盲人，寓意盲人無法掌握全貌。可是，盲人是會走動和與人溝通的，知識就是從不斷增加接觸面中得以增進。事實上，有上進心的人不會甘心坐井觀天的。

不過，作為認知世界的起步點，將某些人和事標籤化是本能的學習能力。只要不原地踏步，只要不堅持以偏概全的己見，只要在思想過程中作出比對、分析和總結，知識可以像砌積木般逐漸伸延和拼湊。人類從相信太陽環繞地球到知道地球環繞太陽，就是經歷了這個過程，這是人類探究宇宙的漫長過程。

然而，歧視和標籤不純粹是求真過程中的風雨，而在很多時候其實是維持既得利益者的信仰、企圖趨吉避凶的迷信以及故意不問真假的藉口。

假如我們要邁向一視同仁和智者不惑的目標，也就是從偏待（Discrimination）到公平對待（Fair treatment）以及從以偏概全到了解全貌，我們就需要有求真的科學態度和眾生平等的情懷，並經歷像《西遊記》中唐三藏取西經（追求真善美）的人生歷程。

飛向公平社會的一對翅膀

　　在一個績效社會（Meritocracy）裏，社會流動是常態，人可以按照自己的能力發揮所長，因為機會面前人人平等，尤其是基本教育和公民權利。可是，在我們的社會裏，要體現平等機會總會面對雙重障礙，一是強者對弱者的排斥，二是弱者受不利條件所影響。

　　強者對弱者的排斥主要表現於歧視、較差待遇和差別對待。為了消除歧視，許多國家制定反歧視法例（Anti-discrimination laws），而民間則會成立反歧視聯盟或發動反歧視運動（Movement Against Discrimination）。

　　《殘疾歧視條例》於一九九五年制訂，最終於一九九六年九月實施。該條例是為保障殘疾人士避免因其殘疾而受到歧視、騷擾及中傷而制定的法例。殘疾人

士於該條例下受到應有的保障，而在某些情況下，即使沒有殘疾，亦會受到法例的保障，包括：

一、與你有聯繫的人是殘疾人士，而你因此遭受到歧視。有聯繫人士包括你的配偶、共同生活的另一人、親屬、照顧者及在業務、體育或消閒上有關係的另一人；

二、你被當作有殘疾而受到歧視；

三、雖然你現在沒有殘疾，卻被認為將來可能有殘疾而受到歧視。

自該條例生效以來，平等機會委員會（簡稱平機會）收到不少來自學校、教師、學生及家長的查詢及投訴，因此，平機會擬備了「殘疾歧視條例教育實務守則」，協助教育機構制定防止及消除殘疾歧視的政策與程序。另外，平機會於一九九七年發佈《殘疾歧視條例僱傭實務守則》，後又根據十多年的執法經驗於二〇一一年作出修訂，務使僱主及僱員共同建立一個平等的工作間，讓殘疾人士享有免受歧視的工作權利。

不平則鳴是社會公義的推動力，因此，殘疾人士受到歧視時，要主動向平機會提出申訴。過去有殘疾人士因通道問題而提出投訴。不少建築商對無障礙設施認識不足，忽略了提供無障礙通道的重要性，故阻礙了殘疾

人士進出建築物。發展商往往只提供樓梯而欠缺升降機或斜道，致令部份殘疾人士不能與其他人一樣使用室內通道往返目的地。於是有殘疾人士把多個久未改善而又觸犯《殘疾歧視條例》的個案向平機會提出申訴，申訴的目的除了可加深殘疾人士認識自己的權利外，亦可向服務提供者傳達《條例》賦予其責任，使他們清楚瞭解其服務會受《條例》約束。

除了使用反歧視法例和公眾教育以消除歧視，以積極的方式優待（Positive discrimination）或優待措施（Affirmative action）提升殘疾人士的競爭力，也是促進平等機會的有效方法。在這點上，香港考試及評核局為殘疾考生安排合適試場、延長作答時間、使用電腦讀屏器等，而政府亦為殘疾僱員提供儀器和試工津貼。這些措施都有助提高弱者的競爭力。

消除強者對弱者的歧視和提升弱者的能力是飛向公平社會的一對翅膀，期望這對翅膀能夠日益壯大，實現「有能者居之」的目標，使香港成為一個績效社會。

常態化

「常態化」（Normalisation）是指事物所處的慣常狀態和所經的慣常過程，可用來描述自然和社會現象甚至個人生活如常的狀態。歐美國家的復康界把常態化的觀念用在殘疾人士的復康目標上，意指殘疾人士通過復康服務、利便的設施及友善的社會態度，也能正常生活。

「常態化」也可指事物的最佳均衡狀態，有規律地變化，周而復始，有其可預測性，但也滲有不規律性（Irregularities），也稱「無常」。宇宙如是，人生也如是。

宇宙方面，常態化好比日出日落、四季輪轉，這彷彿是自然界應有的周期。可是，在歷史的長河中，曾分別出現過冰河時期和洪水時期，打亂地球的常態，有些物種從此消失，有些文明卻在方舟中保存實力，重新啟航。

春去秋來，月有陰晴圓缺，間有狂風暴雨，定時也

有日蝕、月蝕。與其相信天狗蝕日，不如將這些反常現象記錄下來，編定曆法，有利人類持續發展。

人的一生中，生老病死本來是常態，但天災人禍有時打亂這個運轉中的狀態，還製造了許多人間不幸，有人因而殘疾。殘疾的人怎樣重新上路、如常生活？不同的社會對於殘疾人士會有不同的對待，包括排斥、隔離、接納。為了消除殘疾人士面對的歧視，前立法局於一九九五年通過《殘疾歧視條例》，翌年政府成立平等機會委員會。二十多年過去了，殘疾人士被標籤、被歧視的情況有否改善？反歧視的工作有否促進殘疾人士的平等機會，使他們正常生活呢？

為了解有關情況，讓我們從常態化、平等機會、歧視和標籤這四個觀念探討以下四個互相關連的問題：

1. 對於殘疾人士，常態化包括甚麼？他們應享有怎麼樣的生命周期？他們怎樣如常生活？

2.「平等機會」可否為人類提供理想的生存空間？理想的生存空間包括甚麼重要元素？

3. 基於某一特徵而產生的偏待行為（即歧視）自古有之，但能否消除？

4. 失真的歸類詮釋方法可怎樣通過教育而消失？

總的來說，以上四點也可詮釋為人類能否控制「生活如常的助力與阻力」。

做人智慧

中國傳統的做人智慧，著重天地人合一、陰陽調和互補以及五行的相生相剋規律，其中十二生肖便展現了「互補」、「互助」和「互動」的陰陽調和智慧。

十二生肖是鼠、牛、虎、兔、龍、蛇、馬、羊、猴、雞、狗、豬，他們兩兩相對，相輔相成，互取所長，互補不足。

第一對生肖是鼠和牛，他們分別代表用心和用力。單是用心只是空想，單是勤力很多時會事倍功半。許多美食、藝術品、到位的政策、適切的服務和利便的設施便是用心用力的結晶品。

第二對生肖是虎和兔，他們分別代表勇猛和謹慎。單是膽大只是有勇無謀，只求謹慎而沒有行動，便會一

事無成或久守必失。因此，面對困難時，我們要膽大心細，切勿魯莽或膽怯，才能擊倒巨人歌利亞。

第三對生肖是龍和蛇，他們分別代表剛猛和柔韌。歷史上，英明的君主多是剛柔並制的，能剛能柔才有王者之風，如清代的康熙皇帝。

第四對生肖是馬和羊，他們分別代表特立獨行和精誠團結。勇往直前才能直奔目標，過程往往是孤獨的。倘若目標對群體是有利的，我們必要以和順的態度走入人群，像摩西領導以色列人到達流奶與蜜之地。因此，一個團體既需要能創新的冒險家，又需要使團隊和睦齊心的和事老。

第五對生肖是猴和雞，他們分別代表靈活和穩定。雞雖有翅膀，但不能飛，一生腳踏實地。猴雖然沒有翅膀，然而靠著靈活的手腳，不斷尋求新的玩意和食物。靈活和穩定兼具，就能穩中求變，充實生活，像能瞻前顧後的世界級足球員。

最後一對生肖是狗和豬，他們分別代表忠誠及隨和。狗忠心於主人，守護主人的家，寓意是保衛財富、生命及捍衛原則。豬性格溫馴，喜歡養尊處優，所謂和氣生財，寓意是積累財富。投資時，保本和增值同樣重要。同樣，自助團體既要有鮮明的原則和目標，也要不

斷增強本身的實力。

　　其實，陰陽互補的做人智慧何止上述六對，生活上俯拾皆是，我們若能舉一反三，一理通、百理明，便能邁向豐盛人生。

從八字談人生馬拉松

　　人生過程經歷建立自我和追求無我兩個階段。有些父母在子女出生時，把孩子的八字交給算命師，用作改名及了解子女一生的際遇。所謂八字，就是出生的年月日時，各配一個天干和地支的相應元素，例如甲子、乙丑、丙亥、戊戌。而我卻喜愛用以下八個英文字來指引我的人生。

　　第一個英文字是「Health」，也就是健康，涵蓋身、心、靈的狀態，有了健康才能更好地成長和活下去。

　　第二個英文字是「Wealth」，統稱「財富」，包括我們擁有的財產、知識和智慧，這些都令我們的生活豐足。

　　第三個英文字是「Satisfaction」，即是滿足，包括達成願望、符合期望和解決需要所產生的感覺。

第四個英文字是「Happiness」，一般稱為「快樂」，許多時候是與人互動所產生的愉快感覺，而歡欣「Joy」則是與自然界契合的暢快感受。

第五個字是「Attain」，意思是達到目的，例如心想事成、符合水平、到達目標、得到專業資格。

第六個字是「Maintain」，意思是「保持」水平、信念及原則。

第七個字是「Retain」，意思是「保留」、「保存」、「保持」，為要保持實力，需要時要作出取捨，放棄一些東西才能輕身上路。

第八個字是「Sustain」，意思是「使穩定持續」，持續發展是現代各國追求的目標，也是個人成長的理想過程。

以上八個英文字，就是我在人生馬拉松路上的座右銘。

從零到接近一的感悟

老子認為宇宙的發展過程是「無極生太極，太極生兩儀，兩儀生四象，四象生八卦，八卦定吉凶，吉凶生大業。」有了八卦，宇宙的一切都存在了，萬事萬物互相依存也互相制衡，一切循環不息的變化由失衡與平衡（吉凶）的力量推動。

而我從歷史的角度看，殘疾人士的社會狀況是「遺棄生隔離，隔離生福利，福利生權利，權利生互利，互利定分工，分工生共享。」每個人（包括殘疾人士）若能享有各種應有權利，他們的能力便可被發掘、培養和發揮，他們的需要便可靠自身的才能、社會的分工和萬物的依存得到滿足。社會的進步由每個人的不同特性和不同步姿推動，互相配合，互補不足。

香港的殘疾人士處於甚麼發展階段呢？人的一生既

有規律，也有無常。不同時空下有不同的主流社會現象，而同一時空下也會出現勢力和內涵不同的社會情況。我認識一些殘疾朋友，他們從事有報酬的工作，自食其力，養妻活兒，可說是在香港社會發揮「互利」的角色。在通道和交通方面，香港的暢通無阻設施漸趨普及，發揮社會共享的作用，不但利便殘疾人士，也同時方便長者、孕婦、攜帶大型行李人士、嬰兒及其照顧者。

不過，香港特區政府縱使有意逐步落實聯合國《殘疾人權利公約》，但仍以隔離和福利的機制統籌殘疾人的事務，由勞工及福利局的康復組負責，而沒有計劃成立「殘疾人事務委員會」，因此有關政策不能以殘疾人為本。沒趣的是，政府堅持採用「康復」的用詞，而民間則採用「復康」，其實兩者均屬福利時代的產物。更糟的是，部份通道及設施仍處於遺棄或隔離的階段。即使修路工程的地盤都會有圍欄圍著，不像廿多年前容易發生意外。不過，部份露天的港鐵車站還沒有安裝幕門，墮軌的事件仍間有發生。許多大廈的升降機沒有發聲裝置和觸覺按鈕，若是陌生地方，失明人單獨使用會感到無所適從。要香港的殘疾人步向權利和互利的階段，殘疾人事務委員會的成立以及《保障殘疾人權利條

例》的制定是刻不容緩的。

我在香港經歷了由零邁向一的階段，在無極混沌的零階段曾跌入沒蓋好的修路坑洞，也曾從兩卡地鐵車廂之間的凹槽跌下。今時今日，情況改善了，大部份交通燈和部份升降機設有發聲裝置。最近，銀行提供的部份櫃員機，每個步驟完成後都會發出「叮」一聲，完成所有程序後還會發出「請取鈔票」和「多謝使用服務」的溫馨提示，不但方便了經常忘記取鈔票的用者，也方便了視障人士。

由「零」至接近「一」是一個漫長的過程，但願香港殘疾人士的整體境遇能遠離「零」而接近「一」。中國傳統的育兒智慧是「若要小兒安，三分飢與寒」。若七分是可接受的最佳狀況，那麼三分的不足便需由自身的適應、無奈的接受以及別人的遷就與幫忙來填補，這也是一種有血有肉充滿喜怒哀樂的完美。然而，維持這種狀態殊不容易，也需要大家不斷努力，否則停滯不前及倒退的力量會佔上風。

代表著一視同仁、暢通無阻的「一」總是我們不斷追尋的目標。

通向羅馬的足印

　　每個人心中總有他的羅馬 —— 理想。可是，通向羅馬的路則各有不同，有的千變萬化，有的千篇一律，有的像迷宮般障礙重重，有的像棋局般出人意表。路，崎嶇不平是常態，暢通無阻反而不是常態。不是常態的路雖然好走，但不一定引領我們走向羅馬。

　　若心中有了目標，下一步便是立即採取行動，正如老子所說「千里之行，始於足下」。空有理想，卻猶豫不決，這只會白白燃燒生命。

　　第一步之後的每一步，要靠所需的知識、技能和態度，加上天時、地利、人和的配合，便可穩步向著羅馬邁進。

　　魯迅認為，路本來是沒有的，走的人多了便成了路。許多殘疾人士自助團體正好體現這個道理。這些團

體成立之前，殘疾人士的需要往往被忽略，他們的能力不能充分發揮，直至他們團結起來為自己發聲之後，有關情況逐步得到改善。然而長征尚未完成，他們仍需努力。

　　當然羅馬不是一天建成的，同樣到達羅馬也不可以一蹴而就，這需要持久力和洞察力。持久力使我們不會半途而廢；洞察力不單告訴我們事物之間的異同，也辨識天地萬物的變化，使我們知所進退、懂得取捨。在通向羅馬的路上，必定佈滿由進退取捨構成的足印。

新人類的基本價值觀

我所指的新人類是在全球化、資訊及通訊科技生活化、金融工具槓桿化、工作模式多樣化、種族多元化等影響下的我們。作為新人類，我們接觸到的人和事多得驚人，我們的是非之心灰色模糊，我們的需要希望得到即時滿足，我們的能力都要有表現和發展空間。在這種情況下，比較以往的人類，我們對自己、對別人、對社會、對世界及對大自然都有各式各樣的要求。為此，我們需要持守一套既能繼往開來又能助己助人的基本價值觀，以提升生活質素、改善人際、國際和與自然界的關係，豐富我們的生命，並推動萬物與我並生的和諧。這些基本價值觀需包括尊重、自主、倡導、充權和共融。

「尊重」從何而來？尊重從平等看待眾生而來。眾生是互相依存、互相制衡的。尊重可發揚競而不爭的精

神，既可有各自精彩的進步，又可避免非自然的殘害。尊重也從一絲不苟地恪守本分而來，發揚敬業樂業精神，不做差不多先生，得到別人尊敬，使工作藝術化，品嚐盡善盡美的滿足感。尊重使我們敬天、敬老、珍惜生命、不剝奪別人的權利、不令人丟臉、接納個別差異……

「自主」的人掌握自決權，在互相依存中保持自我，做自己生命的舵手，做一個能駕馭本能的騎師，不會受到負面情緒長期影響，緊握韁繩，向著目的地奔馳。

「倡導」是新人類一個基本價值觀，它以言論和行動傳達我們的信念，爭取改善生活的資源，綻放我們追求真善美的異彩。因此，每個人（包括殘疾人士）在表達自己的意見及需要方面應積極進取，行使為自己發言的權利，因為不發聲就會失去選擇的自由。

「充權」使我們在人生的旅途上充滿力量，不致枯竭無力、舉步維艱。將之化為行動就是終生學習。要增強自己的能力，就必須不斷吸收知識，學習新技能，應付從四方而來的挑戰。

「共融」是體現仁者仁也的價值觀，它使我們超越血緣關係的框框，發揮「老吾老以及人之老，幼吾幼以

及人之幼」的精神，將人性光輝的一面推己及人。共融社會的先決條件是要有利便不同需要的社會設施、適切的服務以及包容的社會態度。共融的領域涵蓋家庭生活、鄰舍關係、校園生活、同事關係、社區氣氛。在共融社會，主流文化與小眾文化不會互相排斥，每人都會接受社會多樣化，並尊重個別差異。

我深信新人類的基本價值觀可促進社會流動，提供平等機會，建立各盡所能的績效制度，助弱成才，各展所長。

影響社會生態的八種力量

　　從影響自然生態的基本元素，套用到影響社會生態的各種力量，自古有之，例如古代希臘人認為地、風、水、火是四種構成世界的元素，而中國人則有金、木、水、火、土五行相生相剋之說，並廣泛地應用在生活中。《易經》更把影響自然現象的元素分成天、地、山、澤、水、火、風、雷。順著這條思路，我也嘗試把影響社會生態的力量分為以下八種：

　　第一種力量是管治力，主要來自政府，執行法規制度，規劃公共設施，提供公共服務，並負責社會資源的再分配。部落、城邦與帝國的管治各有不同，現代政府可由人民產生。政府管治的重要性從成語「苛政猛於虎」可見一斑。因此，中國人渴求善政和仁君，這樣才能政通人和，國泰民安。

第二種力量來自人民對更好生活的渴求。他們希望有一個安定並充滿機會的生活環境，建立家庭和社區，務求安居樂業，發揮所長，生兒育女。古代有巢氏深明人對安穩生活的渴求，因此建造房屋，讓人無需四處流徙，免受風雨和野獸的攻擊。現代人既想擁有自己的房子，也著重室內設計和所處的社區環境。

第三種力量是培育人才掌握知識、技能和生活態度，主要由家庭和教育機構肩負。人類在生活中發現和發明許多新事物，需要傳承下去。有了語言文字，有了學校和師長，每一代人就可以站立在前人的肩膀上，繼續發現和發明新事物，使社會進步，使社會充滿生機。這個累積知識的過程，是跨時代分工合作的體現。

第四種力量是建立宇宙觀和引領人踏上天地人合一的道路，主要來自宗教團體和偉大的思想家。人活著，不單要即時的滿足，還要尋找意義。在這個過程中，人渴求知道我是誰、我從哪裏來及往何處去。這種力量令人謙卑，敬畏大自然，順應規律，愛護一草一木，互相效力，不至於互相殘殺。

第五種力量來自經濟活動，對利潤的估算催生不同形式、不同規模的生產單位，個人的勞動成果在很大程度上決定於市場力量。人從勞動中獲得報酬，以滿足生

活所需，但環境的因素起著關鍵作用，所謂「靠山吃山，靠水吃水。」假如環境出現不利因素，以往的人會像候鳥般尋找新大陸，而現代政府則會通過利率或財政措施刺激經濟活動。

第六種力量是無償工作，包括養育子女、照顧長者、做家務以及家庭以外的義務工作。這些工作雖然沒有金錢報酬，但會得到心靈的滿足，也補充了經濟活動的不足。沒有報酬的工作也能令人發揮所長，發揮仁愛精神。除了家庭和社區，凝聚這股力量主要是非牟利團體，這些團體實踐不同的信念，形成社會可持續發展的動力。

第七種力量來自人類追尋真善美的天性，所涵蓋的領域包括自然科學、社會科學、慈善事業、繪畫、音樂、雕塑、烹飪等。這種力量有助人類探索事物的本質、建立百花齊放的環境以及開創美麗新世界。這種力量需要對真理的執著、對眾生懷抱悲天憫人的情感以及對雜亂無章事物的摒棄。這是對許多人和事的挑戰，要前進需要時間、精力和同路人。

第八種力量是保持穩定和自我修補，主要表現在持守法律、堅持道德以及捍衛權益。這種力量提供穩定的環境、可估量的代價以及可修補的空間，我們從中得到

穩定、誠信和保障。可是，這種力量不容易與上述七種力量匯流，間中會出現抗衡及此消彼長的現象。

　　上述八種力量在同一時空下有強有弱，方向不一，各自的領域還有反動力。社會生態的平衡及人類的可持續發展有賴上述八種力量的參與者互相配合，你中有我，我中有你，不斷作出取捨，踏出協調的舞步。

殘疾無常
一位視障者對生命的感悟

作　　者：徐啟明
責任編輯：黎漢傑
校　　對：呂嘉豪
法律顧問：陳煦堂 律師

出　　版：初文出版社有限公司
　　　　　電郵：manuscriptpublish@gmail.com

印　　刷：陽光印刷製本廠

發　　行：香港聯合書刊物流有限公司
　　　　　香港新界荃灣德士古道220-248號
　　　　　荃灣工業中心16樓
　　　　　電話 (852) 2150-2100 傳真 (852) 2407-3062

臺灣總經銷：貿騰發賣股份有限公司
地　　址：新北市中和區中正路880號14樓
電　　話：886-2-82275988
傳　　真：886-2-82275989
網　　址：www.namode.com

版　　次：2021年5月初版
國際書號：978-988-75148-4-8
定　　價：港幣88元 新臺幣270元

Published and printed in Hong Kong

香港印刷及出版